一 次 告 别

〔哥伦比亚〕罗德里戈·加西亚 著

杨玲 译

南海出版公司

新经典文化股份有限公司
www.readinglife.com
出 品

目 录
Contents

献给我的弟弟

第一部分

于是他向栗树走去，心里想着马戏团。小便的同时，他仍努力想着马戏团，却已经失去记忆。他像只小鸡一样把头缩到双肩里，额头抵上树干便一动不动了。家里人毫无察觉，直到第二天上午十一点桑塔索菲亚·德拉·彼达去后院倒垃圾，忽然发现秃鹫正纷纷从天而降。

——《百年孤独》①

①《百年孤独》，加西亚·马尔克斯著，范晔译，南海出版公司，2017。——如无特殊说明，本书脚注均为译注。

1

　　我和弟弟还是孩子的时候，父亲曾让我们承诺和他一起度过二○○○年的新年前夕。在我们少年时期，他又好几次提起这个承诺，那种执拗让我心中不悦。最终我理解了父亲，他是希望自己能够活到那一天。二十世纪行将结束时，他七十二岁，而我四十岁。年少时这个里程碑对我来说遥不可及。我和弟弟成年后，这个承诺很少被提起，但事实上我们确实共度了千禧年的新年前夕，在父亲最喜欢的城市卡塔赫纳。"我们约定好的，你和我。"父亲有些难为情地说，或许也因为自己的坚持有些尴尬。"没错。"我回答说，从那以后我们没有再提过此事。他又活了十五年。

他年近七十岁时，我曾问他夜晚熄灯后都想些什么。"我想，这一切马上就要结束了，"随即他又微笑着补充，"不过还有点时间。不必太过忧虑。"他的乐观是真诚的，并非只是想安慰我。"某天你一觉醒来，发现自己老了。如此而已，没有任何征兆。这感觉让人喘不上气来，"他又说道，"多年前我听人说过，作家一生中会有这样一个时刻来临，就是再也不能写长篇小说了。头脑再也不能容纳那样一座高楼大厦，再也无法驰骋于长篇小说那片欺骗的土地上了。果真如此。我已经感觉到了。从今以后只能写篇幅短小的作品了。"

他八十岁时，我问他感觉怎么样。

"八十岁的风景是动人的，真的。尽头就要到了。"

"你害怕吗？"

"我感到无限悲伤。"

如今，回想起那些时刻，我都感怀于他的坦诚，尤其是面对那样残酷的问题。

2

二〇一四年三月一个周中的早晨，我打电话给母亲，她告诉我父亲已经因为感冒卧床两天了。这对他来说是很正常的事，但她确信这一次非比寻常。"他不吃东西，也不想起床。完全不是平日那个他了。了无生趣。阿尔瓦罗①就是从这种状态开始的。"母亲补充说，她指的是跟父亲同属一代人的一位至交，前一年过世了。"我们过不去这一关了。"这是她的预感。放下电话，我并没有很担心。母亲的预测不过是来自焦虑。她早已步入这样一个时期：周围的老朋友接二连三地离她而去。最近，她也因两个最小的、也是最爱的弟弟的离世而深受打击。然而这通电话让我浮想联翩。莫非这就是最终结局的开始？

我的母亲已经两次战胜癌症，最近需要去洛杉矶做几项医疗检查，于是我们决定让住在巴黎的弟弟飞回墨西哥城陪父亲。我则陪母亲去加州。弟弟刚到

---

① 指阿尔瓦罗·穆蒂斯（1923—2013），哥伦比亚诗人、小说家，加西亚·马尔克斯的密友，代表作有《马克洛尔的奇遇与厄运》《拒绝所有的岸》等。

家，父亲的心脏内科医生——即主治医生——便告诉弟弟，父亲得了肺炎，最好能让他住院，以便做进一步检查，让几位医生会诊。看来，医生之前已经这样建议母亲好几天了，但她都不情愿。似乎怕进一步检查真的会发现什么。

3

我和弟弟在接下来的几天通了好几次电话，最终我决定让父亲住进医院。弟弟去给父亲办理住院手续时，接待人员听到父亲的名字后激动得从椅子上跳了起来，说："我的天，那位作家！您介意我给我的妯娌打个电话，告诉她这件事吗？她真的需要知道这件事。"弟弟恳求她不要这样做，她勉强让步了，很不开心。为了保护父亲的隐私，他被安排在走廊尽头相对独立的病房，但不到半日，医生、护士、护理人员、技术人员、病人、病房维护和清洁人员，或许还有那位接待人员的妯娌，相继出现在父亲的病房门口，都为看他一眼。于是，医院采取了措施，限制进入相关区域。记者纷至沓来，聚集在医院大门前，发布消息称父亲的情况不容乐观。无可否认，这一切都实实在在地告诉我们：父亲的病情在某种意义上将成为公众事件。我们没办法紧闭房门，因为人们对病情的好奇更多是出自关心、崇敬和挚爱。从儿时起，无论事实怎样，父母始终都把我们视作世界上最乖巧懂事的孩子，所以我们得满足他们的期待。我们必须应对眼前的挑战，无论是否有足够的力量，必须待人以礼，心存感激。同时我们必须让母亲感觉到公众和私人生活的界限被严格遵守，无论我们受形势所迫将这条界限置于何处。这一点对于母亲而言尤为重要，尽管——或者说正因为她实在过于看重那些无稽的电视节目。"我们不是公众人物。"她喜欢这样提醒我们。我十分清楚，我万万不会出版这本回忆录，除非有一天她已经不可能读到了。

弟弟此前已经两个月没有见过父亲，觉得父亲比以往更糊涂了。父亲甚至没有认出弟弟，而且非常焦躁，因为他不知道自己在哪里。他在司机和秘书出现后平静了一些。他们轮流来看望他，司机或秘书、厨娘或保姆轮换陪他在医院过夜。弟弟留下来没有太大意义，因为父亲需要在半夜醒来时能看到更熟悉的面孔。几位医生向弟弟问起，父亲的情况与过去几个星期相比如何，因为他们不确定他目前的精神状态是由阿尔茨海默病还是身体虚弱造成的。他的神志不是很清醒，对一些简单的问题也答非所问。弟弟确认，虽然父亲的情况看起来似乎更糟糕了一些，但好几个月前他就已经是这样了。

这家医院是全国几家主要的教学医院之一，所以第二天一大早，一位医生带着十二个实习生出现在病房中。实习生围在床尾，观摩主讲医生检查病人的情况，采用相应的治疗手段。据弟弟说，刚进病房时，年轻的实习医生完全不知道病床上躺着的是谁。他们逐渐才意识到眼前的病人究竟是谁，脸上相继露出难以掩饰的好奇。主讲医生问他们是否有问题时，他们摇头示意，接着跟在主讲医生身后鱼贯而出。

每天至少两次，当弟弟进出医院时，记者就会从嘈杂的人群中喊他的名字。弟弟平日里一向待人以礼，像十九世纪初的绅士，因此当被人直呼名字时他很难置之不理。于是，每次被问到"贡萨洛，你父亲今天怎么样"时，他都不得不走近人群，继而被抓去进行一场即兴采访。我在电视上看到采访的片段，看得出他虽然紧张，也还算应对自如，不过纯粹是出于礼节。我劝他放弃这种做法。我向他解释说，如果大家看到照片上某个电影明星阴沉着脸从咖啡馆里走出来，低着头，全然不理睬周围的人，并非意味着粗鲁或者傲慢。这个明星不过是想保住自己的尊严，尽快走回车上罢了。他听我说话时一脸不安，好像我在劝说他犯罪似的。最终他听从了我的建议，却久久不能摆脱心中的罪恶感，不过，采取这样的做法一段时间后他承认，假以时日，估计自己会把娱乐圈的那一套做派谙熟于心。

父亲的肺炎在治疗后有所好转，但胸透片子显示胸膜区域有积液，而且肺部和肝脏都有阴影。这情形倒是与那些居心叵测的谣言吻合，但医生反对在没有进行活检的情况下妄加推测。阴影部位很难触及，需要全麻才能切取活检组织。鉴于他目前状态虚弱，很可能之后无法自主呼吸，只能依赖呼吸机。这是电视医学节目常常提起的话题，简单明了，容不得任何人质疑。洛杉矶这边，我跟母亲说了这种情况，正如我想象的，她不同意上呼吸机。于是，不能进行外科手术，不能活检，不能做癌症诊断，也就等于不能采取治疗。

我和弟弟商量了一下，决定由他去给医生施加一点压力，驻院医生或者肺病专家都可以，让医生给出一个预测。于是弟弟这样问道："假设肺部或者肝脏真的有恶性肿瘤，假设，只是假设而已，那么预后怎样？"那就还有几个月的时间吧，也可能多一点，不过前提是必须进行化疗。我把父亲的情况和症状描述给洛杉矶的肿瘤医生——也是父亲的朋友，他很冷静地说："很可能是肺癌。"随后，他补充道："如果真的怀疑是肺癌，就带他回家吧，让他过得舒服些，不要再把他送进医院了，住院足以摧毁掉任何人的意志。"我又咨询了身在墨西哥的岳父，他也是医生，总体来说他的反馈是一样的：出院吧，让我父亲，也让所有人都过得更轻松些。

4

我需要跟母亲坦言，向她证实她最担心的事：这个跟她相濡以沫半个多世纪的男人已经到了绝症晚期。我一直等到一个星期六的早晨，我们俩独处的时候。我先是小心翼翼地跟她回顾了我们所经历的一切，继而说到了现在所面临的情况，她一边听一边看着我，有点漫不经心，还有点昏昏欲睡，就像在听一个已经听了很多遍的故事。然而，说到关键之处，我尽可能简单扼要：他很可能得了肺癌，或者肝癌，又或者两者都有，只剩几个月的生命了。她还没来得及做出反应，电话响了，于是她接起了电话。这让我措手不及。我怔住了，呆呆地观察她，看着她跟某个身在西班牙的人说着话。她说得生动又有活力，完美地回避了刚才的话题，让我有些诧异。她的神态看上去优雅、美丽，甚至可以说动人心魄。尽管她坚强、历经沧桑，但也是凡人。她简短地聊了几句，挂断了电话，平静地转过身，对我说道："所以呢？"就好像我们在讨论走大路还是走小巷似的。"贡萨洛后天就会带他回家。咱们也得飞回墨西哥去。"她表示赞同，尽可能地理解这一切，之后问我：

"所以说，就到此为止了？我是说对你爸爸而言。"

"是，看上去是这样。"

"我的天！"她说道，点燃了电子香烟。

5

书写深爱之人的死和写作本身一样历史久远，然而当我真正准备这样做的时候，瞬间哽住了喉咙。把这一切诉诸纸上的想法让我感到恐惧，落笔时我无比愧疚，重读时又万分沮丧。真正让人心乱如麻的是，父亲还是一位名人。倾诉的需要之下或许埋伏着想要在这个庸俗时代一举成名的意图。也许应该拒绝它的召唤，保持谦卑。无论如何，谦卑是这浮华尘世中我所偏爱的为人之道。但写作的永恒规律如此：主题选择了你，一切抵抗都是徒劳的。

几个月以前，一位朋友曾经问我，父亲失去记忆后的情形是怎样的。我告诉她如此一来他就仅活在当下，没有了往昔的重负，也摆脱了对未来的期待。而对未来的预测依托于先前的经验，经验对进化而言意义重大，也是叙事的起源，如今却在他的人生中不再扮演任何角色。

"那么，他也就不知道自己注定会死去，"朋友总结道，"这是多么幸运啊！"

当然，我给她描绘的不过是简化了的图景。是对现实的改编。过去仍有意义，在他意识清醒的那部分生命中。他曾在人际交往方面有非凡的能力，依靠它的遥远回声，他对交谈的任何人都能问出几个不会出错的问题："你最近过得怎样？""现在住在哪儿呢？""你家人怎么样？"有时，他会探险似地尝试做一些更具野心的交流，但半途就迷失了，丢了思维的线索，一时语塞。他一脸迷茫，有时还闪过些许尴尬，就像微风中吐出的一口香烟，这是对过去的背叛，与人交谈对他来说曾经就像呼吸一样自然。妙语连珠，风趣诙谐，引人遐想，激发一场论战。他的那群老朋友将他视若珍宝，不仅因为他是出色的作家，更因为他是伟大的交谈者。

未来并非完全被他抛诸脑后。夜幕降临时，他常常会问："今晚我们去哪里呢？我们去个有趣的地方吧。我们去跳舞吧。为什么？又为什么不呢？"如果你岔开几次话题，他便又忘记了。

他能认出我母亲，亲切地称她为"梅切""梅塞德斯""妈妈""圣人妈妈"。不久前，有那么几个月是艰难的。他记得一生钟爱的妻子，却坚信眼前这个女人——虽然一再声称是他的妻子——不过是个骗子。

"这个女人为什么在这里发号施令，掌管家里的一切？她跟我一点关系没有。"

母亲气得发疯。

"他这是怎么了？"她难以置信地问道。

"妈妈，这不是真的他。是阿尔茨海默病造成的。"

她看着我，仿佛我在搪塞她。让人意想不到的是，这段时期竟然最终过去了，她恢复了在他头脑中的位置，又变回了与他相依为命的伴侣。她是最后的纽带。至于他的秘书、司机、厨娘，所有在这个家里工作了多年的人都被他视为家人、亲近的人，他们的存在让他有安全感，他却不记得他们的名字。我和弟弟去看望他，他久久地、仔细地凝视我们，带着肆意的好奇。我们的脸触动了某种遥远的东西，但最终他没有认出我们。

"隔壁房间的那两个人是谁？"他问保姆。

"您的儿子。"

"真的？那两个人？见鬼，简直难以置信。"

几年前，还有一段更艰辛的日子。父亲能明显意识到记忆正在慢慢消散。他坚持不懈地寻求帮助，一次又一次强调他正在失去记忆。看着一个人这样焦虑，并且忍受其无止境的絮絮叨叨，需要付出巨大的努力。他说："我靠记忆工作。记忆是我的工具，是我的原材料啊。没有它我无法工作，帮帮我吧。"如此，他以不同的形式不停重复着，一说就说上一个小时，乃至大半个下午。这让人身心俱疲。不过，这段日子最终慢慢过去了。父亲慢慢恢复了平静，有时会说："我失去了记忆，但幸运的是我会忘记我失去了它。"或者说："所有人像对待孩子一样对待我。这倒是挺好，我喜欢这样。"

他的秘书告诉我，一天下午看到他独自一人站在花园中央，望向远方，迷失在思考中。

"加夫列尔先生，您在外面这儿干什么呢？"

"我在哭。"

"哭？可是您没有哭啊。"

"我是在哭，只不过没有眼泪。你没发现我的头脑像一坨屎吗？"

还有一次，他对秘书说："这不是我家。我想回家。回我爸爸家，我的床就在他的床旁边。"

我们猜想他指的并不是爸爸，而是他的外公，也就是上校（奥雷里亚诺·布恩迪亚上校的灵感来源）。八岁前他都和外公一起生活，那是对他的人生影响最大的人。他当时睡在地上的一张小床垫上，就在他外公的床旁边。祖孙两人自从一九三五年后就再没有见过面。

"这就是您的父亲，"他的秘书对我说，"即便是最糟糕的事情，他也能用美好的方式讲出来。"

6

某天早晨，一位任职于一家医疗设备租赁公司的女士送来一张护理床，在父亲秘书的监督下将它安装在了客房里。不久之后，在当晚的新闻中，那位女士看到一辆救护车把我父亲送回家中，才知道护理床是为谁准备的。第二天她代表她的领导给我们写了一封信，表示能够为父亲提供护理床是他们的荣幸，当然，这张床将免费供我们使用。母亲的第一反应是婉言谢绝，因为她认为买任何东西永远须得自己付钱才行。但我们劝说她这件事就暂且如此吧，不必自寻烦恼。

父亲出院后，他的出院证明被发表在一份小报上。很可能是弟弟遗失了文件，被一位探病的家属捡到了，接着此人将它送给了自己的女儿，这个姑娘正因外科手术在医院休养，而她恰好是父亲的铁杆读者。至于最后如何到了媒体手中尚且是个谜。

7

自从父亲住院的消息泄露以来，媒体和仰慕者便开始聚集在我家门口。从医院回家的那天，聚集了近百人。市政府派来警察，在大门口拉起警戒线。载着父亲的救护车倒进了车库，可是车身太长，车库门无法关闭。弟弟、保姆还有父亲的秘书拉起几条床单，以免将父亲从救护车后门抬出送进屋子时被人拍照。让我非常气愤的是，弟弟撑着床单的照片遭到曝光，他那样做不过是为保护家庭的最后一点尊严。冷静，我对自己说，门前的大部分人是父亲的读者和严肃媒体，而非哗众取宠的小报。

朋友和医生进出我家时都会尴尬地被记者纠缠、询问近况。家庭成员通常会走另一个车库，进来后即刻关上身后的车库门，才得以幸免。父亲的秘书告诉我，那个星期我母亲曾偶尔出门，有一次车库门打不开了，她不得不来到十几步开外的正门。她从车上走下来的那一刻，街上突然鸦雀无声，人们肃然起敬。母亲径直走过去，头微微前倾，仿佛沉浸在思绪之中，不过显然没有受外界的干扰，就好像她不过是从卧室走到盥洗室似的，没有留意又或是并不在意周围环境因她产生的改变。父亲曾多次说过，母亲是他此生遇到的最令人惊叹的人。

我们商量后决定，父亲不能再睡在主房了，因为对他的护理会影响母亲的睡眠。我们把他安置在走廊另一头的房间里，那是一间客房，平时也用作放映室。几十年前，那里曾经是一个很大的露台，中学生常常聚在这里抽烟，后来慢慢改成了封闭的房间。

我们把父亲安顿在护理床上后，他沉重地喘着气，我们差点没有听懂他说出的第一句话："我要回家。"母亲解释说他已经在家里了。他看了看四周，神情绝望，显然丝毫没有认出这是自己家。他做出他特有的动作：颤抖地抬起右手，划过脸颊，把手停在额头上，慢慢向下抹过双眼，闭上了眼睛。这还不算完，他又皱起眉头，紧紧闭住双唇，噘起嘴。他总是用这样的表情来表达精疲力竭、聚精会神，或听到某个消息后怅然若失的感觉，这样的消息通常跟某个人陷入困境有关。在接下来的几天里，我们常常看到父亲露出这样的表情。

父亲平时的两位助理和两位轮班护士负责照顾他。白天值班的护士让人印象深刻，她是父亲出院时医院推荐的。这位护士年近四十，已婚，没有孩子，热心又和善，做事稳重，通情达理。她手写的护理记录非常详细，字迹清晰工整，包括用药和餐食，一天中房间的窗帘拉开和关上的时间，充分保证父亲房间里适度的阳光照射。能看到有人在自己的岗位上兢兢业业，实在赏心悦目，并且能得到这样一位具有同理心的医护工作者的协助，确实令人宽慰，这一切都让她成了我家不可或缺的朋友。而且她对待病人总是那么亲切，跟父亲说话时总是称呼他为"可爱的小伙子"或者"我的爱"。唯有一次，我看到她心神不安。在查看最新的医嘱时，也许她认为某个处方并不完整，又或者她觉得父亲"拒绝心肺复苏术"的要求有欠妥当。整整半个小时，她放下了手边的一切，反复翻看那份医疗文件，又发了好几通电话留言。最终她跟心脏内科医生通了电话，对医生的解答表示满意。之后，母亲最后一次盖上了刻有姓名首字母的印章，而我也做出保证，表示所有的要求都是家人一致的愿望，护士才回归她的日常工作当中，如释重负。

父亲时不时地醒过来，引起周围人的一片躁动。家人、照顾他的人，往往还包括家庭医生，所有人无不愉快地跟父亲交流。我们问他问题，倾听他的回答，小心维持我们的交谈。我们为他能醒来而欢欣鼓舞，医生和护士为能跟这位传说中的大师交谈而激动不已。他说话很得体，我们沉浸在幸福的喜悦之中，甚至忘记了他多年承受着阿尔茨海默病的折磨，忘记了眼前这个跟我们说话的人其实在走神，根本听不懂什么，甚至都很难说那真的就是他。

每天我们为他翻几次身，给他做按摩和拉伸。如果他醒着，我能看出他身上洋溢着一种带着倦意的快乐。某天下午，一位年轻的医生来看望他。这个年轻人是医院的首席实习医生，他父亲是哥伦比亚人。他问我父亲感觉如何，得到的回答是"糟透了"。护士做了冗长的汇报，提到父亲身上出现了皮肤炎症，所以他们一直在"护理他的睾丸"，为他涂抹油膏。父亲听后，一脸错愕。其实他在笑，他的表情不会说谎：他在开玩笑。接着，为了让大家听得明白，他补上一句："她说的是我的蛋蛋。"所有人都笑岔了气。他的幽默感似乎战胜了阿尔茨海默病。这是他的本性。总的来说，对于自己的身体，父亲是内敛的。甚至还有些腼腆。不过，我觉得父亲在被照顾的过程中并未有某种失去尊严的感觉。他对于自己所获得的关爱一定心存感激。

护士交班的时候——两位护士和两位助理，有时还包括一到两位保姆，她们会聚到房间里交谈几分钟。有一次，在为父亲换床单时，父亲的秘书看着他的双脚说，她早就听说他有一双漂亮的脚，可以前从没有看见过。当时所有女人都围过来看，纷纷表示赞同。可她到底是从哪儿听说的这事呢？我真想不出来。但我最好别问。

有时，几个女人你一言我一语的谈话声把他吵醒了。他睁开眼，几个女人转向他，亲切又崇拜地向他问好，不由得让他眼前一亮。有一次我恰巧在隔壁房间里，听到女人们哄堂大笑。我走进父亲的房间，问发生了什么事。她们告诉我，父亲睁开双眼，专注地看着她们，然后冷静地说："我可没办法跟你们所有人云雨一番。"

片刻之后，母亲进来了，她的出现和声音让父亲喜形于色。

8

我们小时候，父亲和母亲每天午睡，几乎从未有过例外。时不时地，父亲会请求我们，如果他睡过一定时间，就叫醒他。从很小的时候起，我和弟弟就明白了这是一项颇为危险的任务。如果我们叫醒父亲时距离他太近，又或者轻轻推了他一把——天哪，愿上帝保佑我们——他便会从梦中惊醒，一边大叫一边挥动双手，仿佛在跟什么人或者事物搏斗以求自我保护，十分恐惧，气喘吁吁。他得缓上好一会儿，才能重新融入这个世界。于是，我和弟弟找到了一个办法：我们站在卧室门口，用一种单调、低沉、平缓的声音唤他的名字。即便这样，他有时还是会在惊吓中醒来，但大多数时候不会了。若他的反应可怖，我们就赶紧撤退到走廊上去。

如果他醒来的时候状态不错，便会用双手搓一搓脸，就像在从容不迫地洗脸似的，然后用他最喜欢的小名唤我们兄弟两人：小狗子，小驴子！他招手示意我们过去，让我们亲吻他的脸颊，接着问道："有什么新鲜事？你们过得怎么样？"夜晚听到他一边痛苦地呻吟一边艰难地喘气也是寻常事，这个时候母亲会使劲摇晃他的肩膀，把他叫醒。有一次，我看到他午睡时从不安中惊醒，问他究竟梦到了什么。他闭上眼睛开始回忆。

"那是美丽的一天，我乘着一只没有船桨的独木舟，在一条毫无波澜的小河中，向下游平静地、缓缓地漂着。"

"这样的画面中怎么会有噩梦呢？"我问道。

"我也不知道。"

然而，我相信他一定知道。尽管他坚决否认自己的作品中有故意为之的象征，尽管他对那些诠释故事中隐喻的学术理论或是严肃文学批评不屑一顾，却很清楚自己像所有人一样，不过是潜意识的奴隶。他很清楚一些事物无疑代表着另一些事物。而且正如很多作家一样，他为"失去"这一主题和它极端的表现——死亡而着魔。死亡，既意味着秩序又意味着失序，既自成逻辑又荒诞无稽，既不可避免又令人无法接受。

9

七十岁的最初几年，几轮化疗前后，父亲写下了自己的回忆录。起初他构思了一个系列的书，第一本由最早的回忆开始，一直写到他二十七岁时移居巴黎当驻外记者。然而第一本之后，他便没有继续写，更多是因为他担心书写辉煌时期最终会沦为一种炫耀，就像很多名人的回忆录一样。炫耀自己认识诸多名门望族，和某某共度的某个夜晚，或者参观了某位知名画家的书房，又或是跟这位或那位国家元首共谋大计，再或是与某位神圣化的反叛者共进早餐。

"只有第一本书让我感兴趣，"他说，"因为它讲的是我如何成为作家的岁月。"

在其他场合他还曾说：

"我八岁之后就没什么有趣的事情了。"

正是在那个年纪，他离开了外公外婆的家、阿拉卡塔卡镇和那个为他最初作品赋予灵感的世界。父亲曾坦言，他最早的几部作品，都是对《百年孤独》的尝试。

为了寻找记忆，父亲锁定了几个学前的玩伴，他们中的很多人自从当年一别便再无音信。结果往往是他最终只跟这些朋友的儿子、女儿或者妻子说上了话，因为朋友已经离世了。他心里早已预料到一些朋友过世了，但听到他们是近几年才离开的，他大受震动。那些人曾享受完整的人生，或多或少感受过幸福的、硕果累累的时光，在七十岁这样一个世界平均预期寿命的年纪去世了。如此看来，他的这些同龄人的死倒也不算悲剧，不过到了生命自然周期的末尾。这段日子后，他总是喜欢说："很多以前被认为不会死的人正在死去啊。"惹来一阵笑声，他也自得其乐。

10

虽然父亲善于社交，对于公众生活也应付自如，但他实则是个含蓄内敛的人，甚至有些神秘。我并非想说他消受不起自己的名声，又或是受了几十年的追捧还不曾自我陶醉过，但他确实对名望和文学成就持怀疑态度。这些年来他不止一次提醒我们（也提醒他自己），托尔斯泰、普鲁斯特和博尔赫斯可都没获得过诺贝尔奖，他最偏爱的三位作家也没有得过：弗吉尼亚·伍尔夫、胡安·鲁尔福、格雷厄姆·格林。他常常觉得成就不是他努力赢得的，而是偶然发生在他身上的。直到晚年时他才重读自己的作品，那个时候他的记忆正在不断衰退，在此之前他从不重读，因为他怕因发现作品中的缺陷而羞愧，怕自己的创造力会因此枯竭。

11

我飞回洛杉矶，因为要继续拍摄手头的一部电影，需要在那里待上几天。那是一部关于父与子的影片，我们正在忙着拍一段长镜头的高潮场景：父亲因为一系列事件濒临死亡，而对于这一切儿子负有部分责任。这场父子对手戏之前是一次事故，父亲垂死，接着是运送和清洗遗体，最后的告别仪式中遗体将被火化，父亲将会从这个世界上被彻底抹掉。我拍摄这段的时候正好是父亲在世的最后几个星期，这是一个痛苦的巧合，却无可避免。我将其视作某种不得不忍耐、接受的事情：或许这是上帝的幽默感。但随着时间一天天过去，我无法再假装这样的工作不是一种折磨。这实在是煎熬。我憎恨自己曾写下这样的故事。

为了能缓解一些痛苦，我暴饮暴食，尤其是巧克力。或许唯一值得讲述的是欢笑的日子。下次我一定这样做，我保证。又或许不。

我当导演后，有那么几年，常常被问到哪些艺术家对我的影响最大。我乖乖地列了一串长长的名单，上面的人或多或少都颇具原创性，而且大部分人的成就有目共睹，但有一天我突然意识到自己不够诚实。没有一位导演、作家、诗人，没有一幅画作或者一首歌曲，比我父母、兄弟、妻子和女儿们对我的影响更大。人生中几乎所有值得学习的东西我都是在家中学会的。

12

我回到墨西哥时，父亲出院回家不过一个星期，母亲看上去已经相当疲惫。她问我是否真的相信还有几个月的时间，显然她感觉自己有些吃不消。其实父亲在家中休养时无声无息。他住在离主卧很远的一间房间里，白天和晚上都有人照顾，总的来说他看起来非常平静。在家中其他地方，似乎感觉不到什么特别的事情发生。然而，对母亲来说，那个房间里的钟滴滴答答地走着，缓慢而残酷，像教堂的钟声一样震耳欲聋。

我对她说要不了那么久，但这不过是出于对她的安慰。第二天早上心脏内科医生来了，为父亲检查了很长时间后改变了看法：不是几个月，而是很可能还有几个星期。也许，最多三个星期。母亲静静地听着，抽着烟，或许并存释怀和哀伤。

不久之后，一位四十岁上下的老年病医生过来给母亲讲解最后阶段如何护理。这是我们最近接触的众多医生中最年轻的一位，有点让人意外——如果我们假设年轻人无法理解老年的种种苦痛。母亲向他提了各种问题，就像她对所有人做的一样。他坦言自己正处于淋巴瘤缓解期，这让我不得不用新的眼光审视他。一时间，他看起来虚弱而腼腆。和那些比他大好几十岁的病人相比，他自己有可能面临更为紧迫的危险，这想必让人胆怯。他对我们说，那个时刻来临时，如果我们想加快整个过程，父亲的输液就可以停一停。他解释道，一些国家认为输液是人的权利，在任何情况下都不能拒绝提供给病人。墨西哥的法律不同：生命的终点临近时，家人不再给病人输液并不罕见。病人在那个时候通常已注射镇静剂，不会痛苦，他补充说。我们陷入了沉默，就好像面前是一场实验戏剧的怪诞独白。这些想法诱人又荒谬。切合实际，富余恻隐之心，却又意味着弑杀。

13

我和母亲坐在电视前看着新闻，她突然对我说："咱们得做好准备，到时一定会人仰马翻的。"她指的是父亲去世时如何面对媒体，如何回应读者和亲友。自从父亲住院的消息公布以来，不计其数的人已经开始致电或来信。之后，几家媒体报道说父亲已经回家度过最后的时日。父亲已经八十七岁了，所以猜测他身体确实出现了问题也不算鲁莽。

我们跟弟弟商量，父亲去世后，我们要立刻给自己熟悉的报社记者打几个电话。其实清单很简短：两家哥伦比亚的报社，其中一家是全国最有影响力的，另一家则是父亲二十多岁时初入文坛的阵地；墨西哥方面，我们选择了墨西哥国内主要媒体人之一，一位既负责广播也负责电视的女士。我们还会给几个亲近的朋友致电，以便他们能够用他们认为恰当的方式传播这个消息。其中自然包括父亲的代理人兼挚友，同时还有巴塞罗那的一对夫妇和他们的一个兄弟，后者对于我们在哥伦比亚的家人来说至关重要。所有这些人之前都已经得知，最后时刻将至。

第二部分

于是他叉起手臂搁在胸部，开始听到榨糖厂的奴隶们在下午六点钟唱的圣母颂，看到窗外天上那颗无缘再见的明亮的金星，终年不化的山顶积雪，爬藤新枝上的黄色钟形花，第二天星期六由于举哀紧闭门窗，不能看到它吐放了，还有那永远不会重复的生命的最后光芒。

——《迷宫中的将军》①

①《迷宫中的将军》，加西亚·马尔克斯著，王永年译，南海出版公司，2014。

14

我再次飞回洛杉矶，准备在剪辑室待上几天。我到达的第二天晚上，很早便躺下了，但关灯之后我开始担心半夜电话会响起，担心会被噩耗惊醒。结果两者都发生了。电话的那一端，我听见弟弟强作镇定的声音：

"唉，他发高烧了。医生说你最好回来。"

挂上电话，我用手机预定了最早一班飞机，然后清醒地躺在黑暗之中。无限悲痛涌上心头，为弟弟，为母亲，也为我自己。我和弟弟小的时候在墨西哥和西班牙慢慢长大，父母两边的其余亲属都在哥伦比亚，所以我们一直有一种清晰的感觉——我们四个人是一个整体，一个四人俱乐部。如今，这个俱乐部即将失去它的第一位成员。这几乎是毁灭性的。

第二天坐在飞机上，有那么一瞬间我甚至不确定自己是正在飞往墨西哥还是正从那里出发，想必是这些天的情绪波动造成的。降落到机场后，经过入境检查站，等待领取行李，这时我拨通了弟弟的电话。

"他只剩不到二十四小时了。"弟弟说。

可恶。我们是怎么就从"还有几个月"到了"很可能是几个星期"，最后又到了"二十四小时"的呢？之前跟护士、外科医生、肿瘤医生、肺部专家、驻院医生以及老年病医生谈了无数次，他们都坚决拒绝做出预测，如今这个大胆的新预测是无情的。父亲的心脏内科医生每次都费力地一遍又一遍解释"可能"和"很可能"之间的区别。现在我们真的到了确切的时刻。他们肯定地说他的生命还有一天，那种郑重的样子让人难以置信，但看上去这个数字确实不会再多了。肾脏衰竭，血钾不断升高，最终会导致心脏骤停。在他之前，上亿人最终都是同样的结局。生命，尽管那么古老，尽管在芸芸众生之中一次次得到诠释，仍旧不可预知，这也是种慈悲。而死亡，当其临近，从未让人失望。

我走向行李传送带，泪水滚落面庞。

15

我请求白天值班的护士，一旦在父亲身上看到任何变化或者大限将至的迹象，就来通知我。我补充道，我并不是盼着她前来找我，但如果确实看出了什么迹象，我将非常感激。弟弟的妻子和孩子们正从他们巴黎的家中赶来，我的妻子和女儿们会乘坐明天的航班过来。

当天下午母亲午睡时，我在父亲的书房工作了一会儿。我朝窗外望去，家里一派平静的景象让人有些诧异。我来到花园，静静地站在那里，让人惊讶的是，没有任何事物表露家中楼上的房间里，正有一个生命在渐渐逝去。

这座房子所在的街区是二十世纪四五十年代由建筑师路易斯·巴拉干设计建造的。最初，街区由一些现代主义风格的住宅组成，而后又在七八十年代融入了一些在建筑成就方面很难恭维的宅院。父亲之前从没有表现出对这片地区的热情。但后来，他找到一座由一个极为特别的人物建造的宅院。这个人就是马努埃尔·帕拉。他一手创建了自己的风格，融合了墨西哥殖民时期、西班牙和摩尔人的风格，通常会使用从古老的建筑上抢救回来的门、窗框、石墙等。尽管材料有些不祥，他所设计的房子仍然让人觉得富有创意，颇受欢迎。父亲一向欣赏他的作品，而且觉得如果能在这样一个满是聪明的现代主义者、林立着花哨大理石宫殿的街区拥有一座房子，虽说有乖僻之嫌，却也是很好玩的事情。

少年时，我喜欢躺在草坪上仰望天空，觉得自己仿佛和花园融为一体。（尽管在那时我已然意识到，如果一个男孩将这样的地方视为自己的最爱，还是挺无趣的。）从这样得天独厚的角度欣赏傍晚时分的景色，可谓一种享受。对于在墨西哥城生活多年的人来说，这样的景象不足为奇，这里的黄昏常常是美妙的。有时，尤其是雨过天晴后，空气清新，弥漫着一股沁人心脾的芬芳，远远可以望见阿胡斯科火山，忽然而至的静谧降落在城市之中，让人感觉仿佛自己并非置身于污染喧闹的大都市，而是回到了昔日幽静的山谷之中，一时间思念与希望涌上心头。弟弟和弟媳就曾在这座花园里举行婚礼，起初艳阳高照，一个小时后，大家正在欢庆时，暴风雨突然袭来，玻璃弹球一样大的冰雹噼里啪啦地砸在帐篷顶上。父亲倒是非常欣喜，在他看来这绝对是个好兆头。如今，弟弟和弟媳已结婚三十年有余。

在这座花园里还庆祝过父亲的六十大寿，他当时决定只邀请他那一代的朋友参加。几位年轻的朋友愤愤不平，向他提出抗议。可他不为所动，一点不感到内疚：这个家不可能装下他漫长一生中遇见的所有人，所以就只选择他那一代人。但私下里，他为伤了一些朋友的心而自责。

我信步走在房子的一楼。午餐后厨房刚刚被收拾过，客厅恢复了它往常的模样。当然这样说并不准确，那些家具、工艺品、小物件是年复一年慢慢积累起来的，形成了一个整体，模糊来说，它是新的，但同时它又是古老的，古老得让人安心。绝不可能弄清楚这些陈设来到这里的确切日期。那块小小的古老奇石，形状宛如一朵花，花瓣薄得就像水果刀的刀片一般，二十世纪八十年代起可就一直摆放在那里；那首拉斐尔·阿尔贝蒂①亲手写下的诗，应该是七十年代写的，就在他流放四十年后刚刚回到马德里的时候；一幅亚历杭德罗·奥夫雷贡②的自画像，上面还带着几个弹孔（那是一个夜晚，画家醉酒后用一把左轮手枪射击画像的眼睛造成的，他当时愤怒至极，因为他那几个成年的儿子为这幅画争得你死我活）；还有一本雅克·亨利·拉蒂格③的摄影集，我从十二岁起就极爱翻看。

家里曾养过一只鹦鹉，养了二十五年，午后，关门声或者电话铃响起，常能听到它的口哨声，仿佛是在吹给某个离它而去的姑娘，之后的其余时候它便安安静静地休息，好像这样才能缓过劲儿来似的。我们没几个人会关注它，但它死的时候，我们的心都碎了。

---

① 拉斐尔·阿尔贝蒂（1902—1999），西班牙"二七一代"诗人，代表作有《伤员》《成都的春天》等。
② 亚历杭德罗·奥夫雷贡（1920—1992），哥伦比亚画家、壁画家、雕塑家，加西亚·马尔克斯的密友。
③ 雅克·亨利·拉蒂格（1894—1986），法国摄影家。

16

　我走上楼梯，向父亲的房间里看去。白班护士正在做记录，助理在读杂志。父亲安静地躺在那里，像是睡着了。然而那个房间给人的感受和家里其余地方不同。虽然一切都很平静，但此处的时间似乎过得更快，仿佛迫不及待为更多的时间腾出时间。这让人无所适从。

　我站在他床前，看着他如此虚弱憔悴，觉得自己仿佛既是他的儿子（他的宝贝儿子），又是他的父亲。我心里清楚，我对他这八十七年岁月有着独特的视角。开头、中间、尾声，就像一本折叠书一样，在我的眼前展开。

　回顾人的一生令人忐忑。当然，我出生前他的岁月堪称大杂烩，是父亲本人、他的兄弟姐妹和我母亲讲给我的，又或是亲戚、朋友、记者还有传记作家讲的，还有些是我凭借自己的想象扩充丰富的。我父亲还不到六岁时，曾是一支足球队的守门员，他自认为踢得还不错，算是超出一般人吧，所以颇为自豪。一两年后，他看了一次日食，没有找到合适的玻璃片，造成了左眼中心永久性的视觉缺陷。他曾站在外公的家里看门外一群人抬着一个男人的尸体走了过去，后面跟着这个男人的妻子，一只手抱着一个孩子，另一只手里拿着丈夫的头颅。他朝果冻里吐口水，又用自己的鞋子吃油炸香蕉，为了让他的众多兄弟姐妹不要再偷他的食物。少年时期，在玛格达莱纳河上游乘船前往寄宿学校的旅行中，他体会到了凄凉的孤独感。在巴黎逗留期间，有一次他在拜访一位女士时千方百计耗时间，希望拖到他们留他吃晚饭，因为他当时身无分文，已经好几天都没有吃饭了。结果失败了，他只好出门后翻了她家的垃圾桶，从里面找了些东西吃。（这件事是我十五岁时他当着我的面讲给别人听的，当时我感到羞愧难当，就像所有少年为的他们父母感到羞愧一样。）那时同在巴黎的还有一个年轻而忧郁的智利女孩，维奥莱塔·帕拉，父亲是在一个拉美流亡者的聚会上偶然认识她的，她写歌也唱歌，有几首特别好的感人肺腑的歌，若干年后她自杀了。一九六六年墨西哥城的一天下午，他跑到楼上的房间，当时母亲正坐在床上读书，他对她说，他刚刚写下了奥雷里亚诺·布恩迪亚上校的死亡。

"我杀死了上校。"他对她说，无比伤心。

她知道这对他意味着什么，两人静静地守着这个悲伤的消息，无言对坐。

即使在他的文学迎来非凡成就的岁月里，在收获财富和赞扬的岁月里，仍有恐惧的日子，这是当然。阿尔瓦罗·塞佩达[1]，四十六岁死于癌症。六十一岁的记者吉列尔莫·卡诺[2]被贩毒集团谋杀。两个兄弟的离世（兄弟姐妹十六人[3]中最小的两个）。父亲出名后与亲戚疏离，失去记忆，随后无法再写作。最终，在晚年时他才重读了自己的作品，看上去就好像他是第一次读它们似的。"这都是从哪儿来的乱七八糟的玩意儿？"有一次他问我。他读到最后，终于通过封面认出这些是他最为熟悉的书，但仍然没怎么理解其中的内容。有时，当他合上书时，惊讶地在扉页上看到了自己的画像，于是又重新打开书，试着再读一遍。

站在那里，就在他的床前，我更愿意相信尽管

---

[1] 阿尔瓦罗·塞佩达（1926—1972），哥伦比亚作家、记者，加西亚·马尔克斯的密友。
[2] 吉列尔莫·卡诺（1925—1986），哥伦比亚记者，曾任《观察家报》主编，向加西亚·马尔克斯约稿。
[3] 加西亚·马尔克斯的父亲只有十一个婚生子，其余可能为私生子。

患上了阿尔茨海默病，他的头脑（或许在吗啡的帮助下）仍旧是从前那口装满创造力的锅。或许有斑斑裂痕，再无法回归那些奇思妙想，也无法厘清故事线索，但仍旧管用。他的想象力总是丰富得犹如奇迹。布恩迪亚家族的六代人撑起了《百年孤独》，尽管其实他手中的素材还足够再写两代人。他决定不再把这些素材写进去，以免小说过于冗长和拖沓。他认为严格的约束力是小说创作的基石，特别是构建故事的雏形和界限的时候。他不赞同有些人说长篇小说这一创作形式更自由，因此比起电影剧本和短篇小说而言也更容易。他反驳道，小说家必须绘制出自己独有的路线图，才能从"长篇小说那复杂凶险的地形"中穿越出来。

从一九二七年阿拉卡塔卡，到二〇一四年墨西哥城的这一天，是一个人所能开启的最为漫长而独特的旅程，墓碑上刻下的这两个日期远不足以囊括全部。在我看来，这是一个拉丁美洲人所能拥有的最幸运、受到上天眷顾的人生。他一定比任何人都赞同这样的说法。

17

星期三晚上噩梦连连。我很怕他们会敲我的房门，告诉我他死了。天亮时，我起身走到他的房间，护士告诉我他一整晚都没有动过。他一直保持着昨晚我看见他时的那个姿势，呼吸微弱得几乎察觉不到。我在想，护士是否还需要给他做拉伸，为他翻身，以避免褥疮，又或是我们已经不需要这样做了。我洗了澡，穿好衣服，回到房间。此刻，在微微晨曦中，他看上去简直像变了一个人，一位与自身孪生的苦行僧，面庞消瘦憔悴，皮肤几乎是半透明的，甚至让我都认不出来。我觉得眼前这个人陌生、遥远。或许这正是他蜕变的原因，让分别变得容易些，眼前的他仿佛是新生儿，引发我心底的怜爱之情。

在厨房里，我和沉默的厨娘坐在餐桌前，她几十年来每隔一段时间都会到我家帮厨，父亲非常欣赏她直率的脾气。有那么片刻，她看了看我，但是没有说话。之后她便出去了，去见她的老板，嘴里念叨着："也许他需要点什么。"

早餐过后，我听见父亲房间的巴耶纳托 [①] 音乐响了起来。那是他最喜爱的音乐风格，有时他也会不忠地听起室内乐或者流行民谣来，但最终总是会再回到巴耶纳托。他的失忆加重后，如果给他起个头，他还能背诵出黄金世纪的很多诗歌。这项才能消失殆尽后，他仍能唱起他心爱的歌曲。巴耶纳托是他故土独具特色的艺术表达，在他最后的几个月里，尽管已经什么都不记得了，当经典的手风琴前奏响起时，他眼中依然会闪出激动的亮光。他的秘书常常会播放一连串的合辑，他便坐在书房里，幸福地迷失在时间的隧道中。所以，最后几天，护士开始在房间里为他播放巴耶纳托，调到最大音量，窗子全部敞开。音乐声蔓延到房子的各个角落。有些曲子是他的老友拉法埃尔·埃斯卡洛纳创作的。在这样的氛围中，音乐唤起了我的无限回忆。它将我带回父亲过去的时光，这是其他事物无法比拟的。我徜徉在父亲的过往中，又回到现在，耳边回荡的宛如最后一首摇篮曲。

---

① "巴耶纳托"是哥伦比亚流行的民间音乐流派。

父亲非常敬佩甚至忌妒那些歌曲的创作者，他们用寥寥数语诉说出五彩斑斓的世界，并且那样富有感染力。他创作《霍乱时期的爱情》时，曾像遵守固定食谱一样每日沉浸于倾听关于痛失爱情或者爱而不得的流行歌曲。他对我说，小说无论如何也没有办法像很多歌曲那样跌宕起伏，不过可以向它们学习如何才能触动心弦。在艺术形式上，他不喜欢浮夸的风格，并且欣赏贝拉·巴托克①和理查德·克莱德曼②这样不同风格的作品。有一次，他走过我身旁，我正在看一档电视节目，是艾尔顿·约翰③用钢琴演绎自己最经典的歌曲。父亲对此人只有模糊的印象，但音乐使得他停下了脚步，最后竟然坐了下来，看完了整个节目，非常陶醉。"我的天，这家伙简直是波莱罗舞曲行家啊。"他感叹道。这是他典型的表达方式，向来都是用他自己的文化来衡量事物。尽管那些以欧洲为中心的参照物盛行于世界各地，却从来不会让他动心。他知道真正的艺术可以在京都的某座住宅中开花结

① 贝拉·巴托克（1881—1945），匈牙利作曲家，被视为匈牙利现代音乐的领袖人物。
② 理查德·克莱德曼（1953— ），法国钢琴家，主要演奏通俗作品。
③ 艾尔顿·约翰（1947— ），英国歌手、作曲家、钢琴家。

果，也可以在密西西比河畔的乡村绽放异彩。他坚信，拉丁美洲又或是加勒比地区的任何一个遥远、偏僻的角落都有可能以震撼的方式展现人类的经验。

他的阅读面很杂很广，既喜欢《你好！》杂志，也喜欢医学病例研究，还喜欢穆罕默德·阿里的回忆录，又或是弗雷德里克·福赛斯[①]的悬疑小说，当然对于后者的政治观点他是厌恶的。他的文学偏好中也有鲜为人知的作家，例如桑顿·怀尔德[②]，而《三月十五》是他的枕边读物，似乎在我的一半人生中，那本书都放在他的床头柜上。当然，字典和一些语言的参考书籍也是他经常查阅的。我从未见他不认识哪个西班牙语词，他不仅认识，甚至还能有理有据地推测出其词源。有一次他试图回想起一个词语，描述对某篇文章的批评式阐述，有那么片刻，他出神地怔在那里，把一切都抛诸脑后，疯狂地努力把那个已经到嘴边的词说出来。"典籍注释[③]！"当他脱口而出时，喜悦之情

① 弗雷德里克·福赛斯（1938— ），英国作家、记者，代表作有《豺狼的日子》《战争猛犬》等。
② 桑顿·怀尔德（1897—1975），美国小说家、剧作家，代表作有《我们的小镇》《圣路易斯雷大桥》等。
③ 原文是"exegesis (exégesis)"，来自希腊语的专业术语，指对文章，特别是对《圣经》等经典的注释。

溢于言表。这虽然并不是一个特别生僻的词，但对于他的世界来说还是有些陌生的。在他看来，这是一个属于学术研究、知识分子工作领域的词，而这样的工作对他来说绝对是值得质疑的。

18

那天早晨的稍晚时分，一只死鸟出现在家中。几年前我们封住了一个露台，建造了一间面对花园的客厅兼餐厅。客餐厅的四面是落地玻璃，所以我们推测那只鸟不小心飞进来，迷失了方向，一头撞上玻璃，最后掉到沙发上死去了，正好就在父亲平时坐的地方。父亲的秘书告诉我，家里的工作人员分为两派：一派认为这是个不吉利的兆头，要把鸟扔进垃圾桶；另一派则觉得这是个好兆头，要把它埋在花丛中。先是垃圾桶派占了上风，鸟被丢进厨房外的一只垃圾桶里。一番争论过后，它又被放到花园的一个角落里，但还没有埋葬，而是等待人们决定它的命运。最终，它被埋在了鹦鹉的旁边，那里还埋葬着一只小狗。这片宠物墓地的存在一直瞒着我父亲，否则他一定会被吓坏的。

19

中午，我们和母亲、弟弟还有弟弟的家人聚在一起，他的家人是前一天晚上从法国乘飞机过来的。天亮前，母亲一方的亲戚中，我们的一个表姐也从波哥大赶来了。她小时候在我们家住过很长时间，跟我的父母非常亲近，就像他们的一个女儿。令人惊讶的是，大家的情绪还是很轻松的，我猜是因为没有人会为一个还活着的人哀悼，而且不管怎样，这是一次聚会，年轻人占多数。

透过玻璃门，我看见父亲的秘书从办公室里走出来，穿过花园，匆匆朝我们这边赶来。她远远望见我，便高声说护士要跟我谈一谈。她故作镇静，不想惊动其他人，但显然是有事情发生了。我尽可能冷静地走出房间，却发现客厅里很安静。

我快走到会客厅的时候，白天值班的护士迎了上来。"他心跳停止了。"护士紧张地说。我进了房间，乍一看父亲的样子和不到十分钟前并没有区别，但几秒钟过后，我发现我错了。他看上去完全没了生气，就好像被什么东西击溃了，一列火车，一辆卡车，又或是一道闪电，没有造成任何伤口，却击溃了他的生命。我绕着他的床走到近前，俯身看他，苦涩地咒骂了一句。护士一边用听诊器试图寻找他的脉搏，一边给医生拨打电话。我注意到她有些不安，怕我责怪她没有像我要求的那样提早通知我，但当她见我并没有明显责怪她的意思时，便不再担心了。

她最终联系上了父亲的心脏内科医生。她告诉他，三分钟前父亲的心跳和脉搏停止了。医生要求同我讲话。他向我表示哀悼，说会尽快赶来。但我知道那天是节假日，他住的地方离我家很远，便对他说没有必要赶过来。我们之前早就说好了，一旦这一刻来临，他便通知驻院医生到家里来办理各种手续。我给楼下的房间拨通了电话。母亲接起电话，我对她说："他的心跳停止了。"巨大的悲痛使我的最后一个词哽咽在喉，但我觉得母亲还没有听到那个词就已然挂上了电话。我回到父亲身边。他的头歪向一侧，嘴微张着，要多憔悴有多憔悴。看着他如此走到人生的尽头，既让人心生恐惧，又有一丝慰藉。

我看到母亲走上楼梯，朝客房这边走过来，后面跟着弟弟和他的家人。一般来说，母亲都是行动最缓慢的人，可是显然这次大家都让她走在最前面。过去几个星期以来，有那么多次艰难的决定，她都依赖着我和弟弟挺了过来。她走进房间看到父亲的那一刻，我瞬间明白，他们一起走过的这些岁月足以给予她此刻所需要的全部从容。他们从起初的陌生到最终的相濡以沫，是多么不可思议。最初相遇时他们是邻居，那年他十四岁，而她十岁。他开玩笑地说让她嫁给他，她哭着跑回了家。他们婚礼当日距离现在这一刻已经过去五十七年零二十八天了，而在那天的这一时间，她曾迟迟不肯穿上婚纱，因为她怕自己独自一人穿着婚纱被抛弃在祭台前苦苦等待，直到得知他已经在教堂门口等候。

从走进房门的一刻，母亲便本能地开始张罗一切。护士和助理抬起父亲的头，用毛巾围在头部周围支撑起下巴，为他合上了嘴。"再托稳一些，"母亲一边大声地说着，一边走到父亲床前，"这就对了。"她超然地从头到脚打量着父亲，就仿佛他是她的病人。她为他把被单拉到胸前，抚平它，然后把自己的手放在父亲的手中。她凝视他的脸颊，抚摸他的前额，那一瞬间的样子难以言喻。接着，她颤抖了一下，放声痛哭。"真可怜，是不是？"先于自己的痛苦与悲伤，她感受到的是对他的无限同情。我一生中只看见她哭过三次。这最后一次虽然只持续了几秒钟，却犹如机枪扫射般爆发。

之后的一个个瞬间是模糊的。母亲离开了房间，坐在走廊里，几个月以来第一次点燃了一支真正的香烟，而非电子烟。我请护士趁着下颌僵硬之前为父亲戴上假牙。戴上假牙的父亲看起来好了许多，这无疑是一种安慰。弟弟和他的家人围在父亲的床前，痛不欲生。他的大儿子和女儿从小就跟父亲非常亲近，那时父亲的记忆还没有消退。两个孩子伤心欲绝。消息不胫而走，房子里的所有工作人员一个接一个来到父亲的房间，顺序我记不清了，他们有的站在门口，有的走到床边，难以置信地看着父亲。大家表达着痛苦和悲伤，并没有因为在他人面前而显得羞愧或局促。周围的一切都黯然失色，每个人都以其特有的方式前来哀悼，不仅是向死者致意，更是向死亡致意，仿佛死亡是所有人共有的一件珍宝。没有谁能否认与死亡的联系，没有人能否认是它麾下的一员。死亡是自成一体的现实，并非某种看不见摸不着的东西，它就在我们眼前，让我们肃然起敬。甚至对于房间中的护士来说也是如此。她们继续着干着手中的活儿，但我能看得出她们此刻各自陷入了沉思，陷入了势不可挡的沉思之中。生老病死绝非偶然。

20

值白班的护士和助理为父亲擦拭身体，为殡仪馆的旅程做好准备。护士问母亲是否想给父亲穿上某件礼服。母亲回答说不想，于是护士建议使用简单的裹尸布。母亲拿来一条白色绣花的精致床单递给了护士，谈不上任何庄严的仪式感。

当她们为父亲做准备的时候，一位医生在填写死亡证明所需的表格。我们意识到还需要再等一等才能给媒体打电话。这时一位亲近的朋友正乘飞机从哥伦比亚赶来跟我父亲告别，还有一位墨西哥的女性朋友正从家庭度假旅行中赶回来。但我更担心我的女儿们，她们和我妻子还在从洛杉矶赶来的飞机上。我不愿女儿们刚一落地，打开手机看到的就是爷爷已经去世的消息。所以我们决定再等等，不给任何人致电，直到所有亲友都安全落地，联系我们的时候再说。父亲如果知道这件事，一定会笑出声来的。"严阵以待却无所事事。"

我再次望向房间里，父亲的身体从脚到颈部都已被裹好。床被降了下来，他平躺着，仅有一个薄薄的枕头将头部微微垫起。他的脸被擦洗过了，之前围在颈部的毛巾已经被撤掉，下颌已经合上，假牙也已戴好，他看上去苍白严肃，却很平和。一绺灰白的卷发贴在前额上，让我联想到贵族的半身像。我的侄女在他腹部放了一束黄玫瑰。那是父亲生前最爱的花，他坚信黄玫瑰能够带来好运。

在接下来的几个小时里，我们坐在母亲旁边。她像平时一样开着电视以分散注意力。电视上正在播关于奥克塔维奥·帕斯一生的一个节目，这位诗人兼外交家是几年前去世的，也曾是我父母的朋友。母亲看了几分钟，但从她的表情上就能明显看出，她在想着未来几天或者几个星期里可能会电视上看到的报道。

突然，她自言自语道，可能父亲已经与阿尔瓦罗相聚了，后者是父亲的至交，几个月以前去世了，"他们一定正在喝着威士忌闲聊"。

家里的电话响了，与往日不同，这次她亲自去接了电话。来电的是一位不常见面的朋友，打电话来询问父亲的身体状况，并且表示愿意尽全力为我们提供需要的帮助。母亲耐心地听对方说完，机械性地表达了谢意，但随即找准时机告诉了对方父亲已经去世。不用听也能想象对方得知这个消息后的震惊，更何况这样一个消息竟以如此直截了当的口吻被传达出来。母亲接过话茬，向对方解释说这是刚刚过去的这一个小时里发生的事，用词就好像在谈论一次送餐。我的侄女和侄子很了解她，他们很悲伤，但同时强忍住了笑。我瞥了他们一眼，眼神复杂，他们不知所措，仓皇地跑开了。

21

从哥伦比亚来的朋友落地了,但我并不知道,直到门铃响了我才得知他已经在楼下了。我匆忙下楼,穿过厨房,差点和他撞个满怀。我没有像本应该的那样向他问好,而是瞬间崩溃地告诉他父亲去世了。他是父亲最老的朋友之一,我的做法实在有些唐突。他愣住了,一时语塞,眼睛湿润,仿佛就在这短暂的几秒里一生的情谊涌上心头。我心里想自己一定是太累了,绷得太紧了,才会以如此突兀的方式讲出这个消息,我应该做得再好一点。

正从家庭度假旅行中赶来的那位女性朋友也跟我们取得了联系,我妻子也最终着陆了,从机场给我打来电话。我把消息告诉了她,她的悲痛感染了我,使我甚至无法再跟女儿们说话。我更愿意等面见时再当面告诉她们。

我给几个朋友和亲戚打了电话,每一个电话都比上一个更加痛苦。这些亲戚朋友都熟知近况,所以没有人特别惊讶,但电话那边所有人都沉默了,几乎说不出话来。与其说是沉默,不如说是一种真空感。他们中的大部分人都肩负着给更多人打电话的任务，他们没有过多评论就去打电话了。父亲长达近五十年的代理人只说了一句："太可怕了！"她是在感叹世间那些似乎永远不可能却最终成真的事。她的样子仿佛出现在我眼前，她闭着双眼，陷入思考，试图进入自己的内心深处，在那里某种难以想象的东西变成了现实。"太可怕了！"她重复道。之后我们挂了电话。在父亲一生的很多至交身上，我看到了同样的反应。除了悲痛，更多的是一种难以置信，难以相信那样一个充满生命力、说起话来滔滔不绝的人，那样一个热爱生命、热衷于尝试人世间种种沧桑变化的人，就这样消逝了。

我坐下来，开始一一致电我们事先确定好的新闻媒体，但那时正值圣星期四的傍晚，不可能联系上天主教国家的报社主编。像平安夜一样，复活节圣周的新闻报道流转缓慢，星期一之前没人会待在工作岗位上。将近两个小时里，我们围坐在那里一筹莫展，近乎发疯，守着那个全世界都在等待我们发出的消息，却找不到人倾听。最后我们只好求助那位度假归来的女性朋友，她是一家电台的负责人，那家电台有不少听众，我们请求她在互联网上把消息宣布出去。仅仅几分钟后，家里的电话和手机就开始响了，大量的媒体、崇拜者和警察纷纷聚到了家门口。

第三部分

她死在圣星期四一早。[……] 她被放进一口比当年装奥雷里亚诺的篮子略大的小棺材，只有很少的人出席葬礼，一方面是因为记得她的人已经不多，另一方面因为那天中午极其炎热，连飞鸟都晕头晕脑像霰弹一般纷纷撞向墙壁，撞破铁窗纱死在卧室里。

——《百年孤独》^①

---

①《百年孤独》，加西亚·马尔克斯著，范晔译，南海出版公司，2017。

22

父亲去世的消息发布后不久，他的秘书收到了一位女性朋友的电子邮件，她其实很久没有跟这位朋友联系过了。朋友问我们是否注意到乌尔苏拉·伊瓜兰——父亲小说中最著名的人物之一——也是圣星期四去世的。她在电子邮件中附上了小说中的那段话。重读之后，父亲的秘书发现，乌尔苏拉死后，几只晕头转向的鸟撞向墙壁，落到地上死掉了。秘书高声朗读了一遍，显然，她联想到了那天早些时候死去的那只鸟。她看向我，或许等着我傻乎乎地对这样的巧合发表一番贸然的评论。不过，我当时还真是迫不及待想把这件事讲给别人听。

23

　　我的妻子和孩子到了。她们先是热情、亲切地问候了我，之后，我女儿们就将注意力集中在她们的奶奶身上。五个孙辈的孩子都对她呵护备至。她看上去很平静，很爱说话，像平时一样对他们嘘寒问暖。对此他们并不觉得奇怪，因为他们早已习惯了她种种出人意料的反应。他们认为奶奶是这世上独一无二的：古怪又睿智，质朴节制又惊世骇俗，还总敢于试探政治正确的底线。他们崇拜她，而她还能把他们逗得开怀大笑，这让他们愈发爱她。

　　从哥伦比亚赶来的朋友向我母亲请求见父亲一面，她同意了。我给两个女儿提出了同样的选项。其中一个女儿拒绝了。另一个女儿接受了，远远地看了看爷爷，什么也没说，但她的表情暴露了内心中好奇与悲伤的斗争。

　　那时，消息已经出现在电视上。父亲的生平，短的和长的，陈旧的和迅速拼凑的，正在各个频道播放。母亲一个频道接一个频道地看着，若有所思，却没有做出任何评论。我们聚到她身边，回顾在隔壁房间安息之人的一生和成就。

24

　　殡仪馆的两个人已经到了门口。一辆小型殡仪车倒入车库，继而大门在其后关闭。家里的工作人员匆匆赶来，跟父亲最后道别。厨娘走到他身边，抚摸他的脸颊，在他耳边低声说："一路走好，加夫列尔先生。"她个子不高，须得踮起脚才能够到他的前额。最后，她亲吻了他的鼻子，又亲吻了他的手背。弟弟在父亲耳边喃喃低语了几句，我没有听清。这样的时刻太过私密，让人难以承受。我侧过身，退出了房间。其余的人都默默地站在床边或门外，凝视着他。母亲没有再走上前去。

　　殡仪馆的那两位将父亲连同花束和其他东西一起放进专门装尸体的袋子里，动作娴熟得惊人，之后将袋子牢牢地绑在担架上。担架被抬出房间，穿过另一个房间，下楼，这一幕压抑得令人喘不过气来。最近几天里，我想象了无数可能的情形，却没有想过这一幕。殡仪馆的两位男士动作非常熟练，但丝毫没有让人感觉过于随意，更不用说厌倦，尽管这样的工作他们已经为各种年龄和身份的人做过无数次。他们的态度为这份工作注入了尊严。无论在哪儿，即便陌生人也都会对死者以礼相待：庄严地照顾好遗体。他们慢慢走下楼梯时，不得不倾斜担架，几乎垂直，才得以转过楼梯中间的转角。那一瞬间，我想象着父亲像立定一样笔直地站在那里，站在黑暗之中，既无法被看见，也看不见别人。我们所有人都或站在楼梯上方，或立于楼梯之下，沉默地看着这一切。只有母亲坐着，注视着眼前的景象，心中所想难以揣摩。和不久前父亲离世的时刻不同，和当晚火化的时刻也不同，那一刻毫无神秘感，让人痛彻心扉：他离开了这个家，再也不会回来了。

担架被抬上殡仪车时，我和弟弟，还有我们的孩子们，走到卧室朝向大街的那扇窗前。房子外面有近二百人，崇拜者（父亲更愿意称他们为读者），记者，还有警察。邻居从他们的窗子、阳台上望过来。车库的门打开了，殡仪车缓慢而小心地在人群中行进，警察高声维持着几乎无人遵守的秩序。我的女儿们惊诧地看着这一幕。爷爷的名望有时是具体的，有时又是抽象且遥远的，尤其是对于远在加利福尼亚的世界来说。她们还是小孩子的时候，有一次跟随他走进一家墨西哥城的餐厅，全场立刻爆发出一阵自发的掌声。每次她们讲起这件事，都让人感慨不已。我父母在加利福尼亚时，我常常带他们去几家时髦的餐馆吃午饭，他们用餐时总会被一些不知姓名的当地富豪或是名人围在中间。不过很多情况下，只有门口泊车的拉丁裔员工能够认出我父亲，有时他们会派人去买书，在父亲用餐后请他签名。没有什么比这让他更开心的了。

25

傍晚，我们到达殡仪馆时，已经有好几百人聚集在门前了，人群一直排到了大街上。因为这里是交接父亲遗体的地方，人们聚到这里，期待一场对外界开放的仪式，至少是允许朋友参与的。车辆不得不绕行，警察疏通人群，我们的车才得以进入停车场。之后，我得知几个亲近的朋友已经在那里等候了。

殡葬师和总经理带着职业特有的庄重和敬意，按照墨西哥的风俗接待了我们。我在地下停车场角落里一间临时搭建的小房间中等候，旁边就是通往火葬场的一扇门。陪在我身边的是我的妻子、家庭的两位至交和与父亲最亲近的一位助理（她的同伴甚至推测她爱上了他）。几个小时的谈话，关注新闻和各种消息，无数电话和电子邮件，接着与最近几小时来到家里的许多朋友会面，仿佛父亲死后已经过去了几天的时间。我不知所措。我的头脑尝试用不同的方法解脱和发泄：悲伤、回忆、思考，但所有途径都通向死胡同，没有出口。我只能三心二意一般，依靠富有冲击力的幽默感聊以自慰。

工作人员通知我们说，还需要等一会儿才能为父亲火化。我母亲明确下令：今晚一定要完成，而且越快越好。于是，我们就在那里等待。

我接听了一位洛杉矶演员朋友的电话。同他的谈话是令人愉悦的休憩，但也让我对自己在加利福尼亚的生活产生一种遥远的陌生感。正常情况下，语言的转换对我来说丝毫不费劲，可这一次却成了挑战，就像在饰演一个写得很差的角色，又或是在跟移民官耍花招。

刹那间，我的双重生活仿佛被蒙上了精神疾病的意味。人们都说，没有哪两个相邻国家比墨西哥和美国更为不同了，即便在美国也有墨西哥化的存在。这不仅是语言和文化的差异，也是思维方式和世界观的差异，双方都有令人羡慕的地方，但又是那么不同，犹如硬币的两面。我竟然曾经一度变成那样一个高度熟悉两种文化的人，我想很难有人做到像我这样，但就在这一天，父亲的世界如此受关注的这一天，这种双重性实在牵强。

直到步入不惑之年，我才发现自己决定到洛杉矶使用英语生活和工作，实际上是刻意为之，虽然可能我本人都不曾意识到，我是在有意选择一条自己的路，远离父亲巨大成就的影响范围。我花了二十年时间才看清在周围人看来显而易见的事情：我选择在另一个国家工作，那里讲的是父亲不会讲的语言（他能讲一口流利的法语和意大利语，但他的英语只够用来读新闻），他没怎么去过那里，亲近的朋友也很少，甚至多年来没有签证可以前往旅行。此外，我决定创作剧本和导演电影，这些也是他年轻时的梦想，他曾尝试将他那些不同寻常的故事卖出去，可失败了，于是把那些故事变成了他那个世纪最广为人知的小说。我曾怯生生地开始电影摄影师的生涯，不能说毫无成就，但在其他雄心壮志的重压之下，电影摄影师的生涯最终坍塌了。就在我准备拍摄我的第一部电影时，父亲问我能否让他看一下剧本。我猜他是在为我担心，他总是担心人们用他的成就来评判我和弟弟正在做或者放弃做的事情。幸运的是他喜欢这个剧本，我们两人都如释重负。他也喜欢我拍的电影，常常拿来跟他的朋友夸耀，或是跟任何他觉得可以拉来参与拍摄的人夸赞。

在最后几年里，父亲提议我们一起写一个剧本。他一直想写这样一个故事并拍成电影：一个中年女人事业成功，却怀疑自己丈夫有外遇。很快，她发现丈夫确实有一个情人，但跟她非常相像，习惯和爱好也跟她相似，甚至住的公寓都跟他们家相差无几。事实上，父亲认为这两个女性角色应该由同一位演员饰演。然而，当我们坐下来撰写剧本时，他衰退的记忆导致我们的几次讨论都徒劳无功。我觉得无比心痛，不断推迟甚至搁置，希望他能忘记这个计划。但事实上，他过了好长一段时间才真正忘记，很可能他认为我单纯就不感兴趣。时至今日，这件事依然让我无比难过。

26

终于，有人来请我们进入殡仪馆。右手边是火葬场，左边是为遗体做火化准备的房间，我被告知可以在那里再陪一陪父亲。走进房间，一位穿着医院工作服、年轻漂亮的女士接待了我们。她跟我握手，向我表达悲痛和问候，并且补充说，尽管没有人要求，她还是给父亲稍稍整理了一下遗容，希望我们觉得父亲的样子还算得体。她为父亲淡淡地化了妆，为他梳了头发，修剪了胡子，梳理了不驯服的眉毛——多年来曾被母亲无数次用大拇指梳理过的眉毛。这种为死人化妆以便让人瞻仰的习惯曾让父亲非常不以为然，所有与丧葬相关的繁文缛节对他而言都是如此。（他从不参加葬礼。"我不喜欢埋葬我的朋友。"他这样说道。）但此时此刻，他仿佛年轻了十岁，看上去就像是睡着了而已。我惊讶于自己的喜悦，能最后一次看见他这个样子令人宽慰，即便是得益于化妆的效果。他身上的被单裹得比之前更紧，我知道若是在生前，他的幽闭恐惧症定会让他无法忍受被这样紧紧地裹着。这是头一次，我意识到他已经超脱了一切。（记得有一次，他曾紧闭双目，脑海中默默背诵着诗歌，熬过整整四十五分钟的医院 PET 扫描过程。）

帘子唰的一声被拉上了，我转过头，发现房间里自己独自一人。我环顾四周。除了父亲躺着的那张担架床和一张空桌子，再没有其他家具和设施，一片洁白无瑕，也没有任何让我觉得不同寻常的气味。我不知道是否片刻过后就必须离开。是或者不是对我来说都不失为好事。我摸了摸他的脸颊，是那么冰冷，但那感觉并不会让人觉得不舒服。他安详地躺在那里，没有一点阿尔茨海默病的迹象。我重新在他脸上读出了那种光芒，那种无尽的好奇心，还有非凡的专注力，最后这点让我最为忌妒。几乎每一天他都从早上九点一直工作到下午两点半，我只能将那段时间的他描述为一种出神的状态。我们还是孩子时，母亲有时会派我们带个口信到书房去，他会停下写作，转向我们，听我们说完口信。但他的视线仿佛穿过了我们，地中海式的眼皮半垂着，手上夹着一根烟，烟灰缸上还架着另一根，不做任何回应。长大后，有时我会补上一句："你根本不知道我在说什么，对不对？"即便是这样，仍旧得不到任何回答。甚至我们都走开后，他还保持那个姿势，呆呆地看着房门，迷失在小说的迷宫里。我绝对相信，能拥有这样的专注力，就没有什么他取得不了的成就。我的弟弟一心沉醉于艺术和设计之中，颇有父亲的风骨。

虽然如此，两点半一到，父亲会准时坐到桌前与我们共进午餐，肉体和精神都在。有时，他会向我们宣布正在写自十九世纪伟大的俄罗斯小说以来最好的小说，之后他会聊起其他话题，还会问我们这一天都做了什么。午睡后，创作的激情逐渐减退。晚餐时，他感慨地说第二天的工作将非常艰巨，有好几处难关，攻克它们对于他正在创作的这本书而言至关重要。翌日早餐时，他坦诚地说出新的忧虑："如果今天写不好，这部小说就彻底失败啦。若是果真如此，我就放弃它。"之后又到了午餐时间，这个循环周而复始。

忽然间，我意识到他已经不再呼吸，眼前的情景看上去仿佛梦境。之后我又害怕起来，他没准还有呼吸呢，一具有呼吸的尸体是恐怖的。于是，我凑到他跟前，仔细地端详了好几秒钟，直到发现自己屏住了呼吸，才赶紧呼出一口气，觉得很是荒唐。他的小胡子是那样富有个性，鼻子、眼睛和嘴唇也都是他特有的样子。那撇小胡子是非他莫属的标志，十七岁起他就留上了这样的胡子，从来没有刮过。七十岁出头时，他因化疗失去了胡子，但后来又续上了，就像小蜥蜴的尾巴。我试图在脑海中将活着时的父亲、死去的父亲、声名在外的父亲同眼前的父亲联系起来，却是徒劳。我有一种想对他说点什么的冲动，我想到一句话："干得不错。"但我没有说出口，因为怕太过庄重，太过动情。我想给他拍一张照片，于是用手机拍下了他的样子。忽然间，我心里一阵难过，罪恶感和愧疚感涌上心头，我竟然就这样践踏了他的隐私。我删掉了照片，取而代之拍了一张他身上的那束玫瑰花。那位美丽的小姑娘给他修整了遗容，想必他会很开心。若他活着，定会和她逗趣一番。

27

　　我拉开了帘子，提议继续相关事宜。一位工作人员把担架床从一个房间推到另一个房间，短短的一段不到二十步的路让我一时间想起了死刑犯，他们坐在一间牢房中，时间一到，他们发现死刑执行室一直就在那里，就在那面墙背后。这间房间比牢房更宽敞些，同样一尘不染。父亲的助理和两个朋友等在那里，但我妻子已经又回到等候室去了。我急忙出去，有些不耐烦地冲她做了个手势，示意她回来，我说不清是因为自己此刻需要支持，还是因为无法接受她过分小心的样子。鬼知道我这是怎么了！我希望她能在我身边，如此而已。在这一点上，我或许颇为大男子主义，从未想过她可能并不愿见证公公的火化过程。

　　工作人员将担架停在火化炉一扇扇关着的小门跟前，一时间什么都没有发生。只听见在那座无辜的、彬彬有礼的机器内部，火炉正发出低沉而又谨慎的嗡嗡声，等待着将一切吞噬的任务。随后，有人用眼神示意我又或者是跟我说了什么（我已经不记得了），告诉我如果我不说话，什么都不会进行。于是，我示意殡葬师，我们已经准备好了。一名操作员打开了火化炉的小门，一段短短的传送带把父亲缓缓地送进去。父亲的助理向他告别："再见了，头儿。"殡仪馆的工作人员鼓掌致敬。黄玫瑰依旧在他身上，我记得当时想到了它们瞬间化成灰烬的情景。父亲的遗体缓缓前行，只能看到头部和肩膀时，不知什么出了点故障，他停了下来。工作人员走上前去，迅速而高效地用力推了一下遗体的双肩——这似乎是司空见惯的问题。遗体又继续向前移动了，直至最终被吞没，身后的门随即关上了。

父亲的身体进入火化炉时熠熠发光，而他却无知无觉。他的容貌那样丰盈，却毫无意义。我唯一能确定感受到的是，那一刻他并不在那里。那是我一生中最难以理解的一幕。

第四部分

他在他秋天的最后几片冰冷树叶的阴暗声响中，飞向了被遗忘的真相的黑暗祖国，他惊恐地抓着死亡长袍上的破布烂线，远离了疯狂人群的呼喊，他们冲上街头唱着欢快的颂歌……

——《族长的秋天》①

①《族长的秋天》，加西亚·马尔克斯著，轩乐译，南海出版公司，2021。

28

　　翌日，星期五，清晨的地震提醒我们生活还在继续。到访的客人中一些人的家乡从未发生过地震，这为他们的旅行增添了新奇感。晚些时候，母亲接到了国家美术宫的电话，对方想为父亲举办一次公开追思会，并邀请墨西哥和哥伦比亚两国总统出席。我们欣然同意，但不能否认，这意味着需要再等四天才能翻开生活新的一页，这样的日子是艰难的。

　　陆续有朋友从或远或近的地方赶来。家中的场景就像一场鸡尾酒会，一场二十四小时不间断地提供饮品和茶点的守灵活动。母亲成了大家关注的中心，她同大家谈笑，嘘寒问暖，谈天说地，不知疲倦。有一些我以前听说过但从未见过的人，都是最近这些年我搬到洛杉矶后父亲结交的朋友。这样一群人充分反映出父亲的志趣所在：各种年龄、职业、社会阶层。母亲会私下里分批接待一些来访的客人，这其中还包含两位前总统。尽管她沉浸在悲痛之中，而且或许已经精疲力竭，但依然殷勤周到，颇有耐心。只有一两位客人走后，她疾言厉色，语气略带苦涩和讽刺。她无法原谅那些在父亲失去创作能力后就断了联系，甚至对她连声问候都不再有的人。她那份黑名单很短，但如果谁被列在上面，只能自求多福了。

还有一次，弟弟听说一所知名大学的校长在门外等候。门开后，一位男士走上前来，发表了一通流畅却有些生硬的赞扬之辞——有点像政治演说，之后给了弟弟一个正式的拥抱，没有再多说一句话，便一去不回头了。

父亲的一个弟弟带着夫人来了，同来的还有父亲那边我的一位堂姐，而我有近三十年都没有见过这位堂姐了。她在卡塔赫纳长大，现住在缅因州的一个小镇上，嫁给了一个当地人。她讲起了如何成功地使当地文化适应了自己的生活，而不是自己去适应文化，有趣极了。她的故事让我不由得想起父亲的家族对奇闻逸事的迷恋，对美化周围事物的热衷，还有对夸张的青睐。要知道，你得吸引听众，不能放他们走开。一个好故事永远能超越真理。一个好故事就是真理。

一天下午，秘书给我打来电话。她有些担心，因为医疗设备租赁公司里的所有人都知道我父亲是在那张病床上去世的。然后她补充道，那张床有可能最终会被拍卖或者沦为遗物收藏品。于是我们决定把床买下来。很快我们就把床拆卸了，在确定它的处理办法之前，我们会把它安置在房子后面的车库里，这样谁也看不到。我们没有告诉母亲，因为她一定不喜欢看到这张床还在自己身边，她或许会说这是在等着她成为下一个使用者。

弟弟用骨灰盒将父亲的骨灰从殡仪馆带了回来。之前，选择骨灰盒的过程很是纠结。母亲希望既不要太昂贵，也不要太便宜，要优雅且朴素。她看到这个时，似乎还算满意，尽管她不过看了一两秒钟。她让我们把它放得稍远一些，安置在父亲的书房里，一直放到葬礼那天，随即交给我们一条黄色的丝巾，用来盖住它。之后，可能是被疲惫弄昏了头脑，我竟然想到要让我的女儿们和侄子、侄女们站到骨灰盒旁边照一张相。他们吓坏了，却又感慨于我的建议异想天开，于是照做了，带着些许羞愧，同时忍住不笑出声来。想到他们的爷爷缩小成了三磅灰烬，怎么能不哑然失笑呢？

守灵聚会持续了三整天，虽然让人精疲力竭，却拯救了我们。追思会安排在星期一。当天我走下楼，坐下来吃早餐。我从盘子上抬起目光时看见一道小小的彩虹出现在父亲的椅背上方，是清晨的阳光折射在玻璃上产生的，就在几天前那只鸟儿撞死的那块玻璃上。星期一下午，一些比较重要的亲友——大概二三十人——聚在花园里合影，而后他们将登上前往美术宫的一队汽车和出租车。就在这群人正要从花园中散去时，母亲颁布了铁的纪律："这儿谁都不许哭！"

前往美术宫的途中，我拜托一位朋友在我们下车后穿过大厅时帮我拿着骨灰盒。我不愿被记者拍到捧着骨灰盒的样子，因为我觉得那样的情景太过私密，不该出现在新闻上。

我们下车后重新聚在一起，跟随着美术宫的负责人走上一级级台阶，穿过长廊，来到一扇门前。走过这扇门，主大厅有些意外地映入眼帘。我也说不清自己期待的是什么，但眼前的情景确实让我浑身一凛。宽敞的高台上摆放着父亲的骨灰盒，四周摆满了黄玫瑰。大厅的两侧都有很大一片区域摆放着一排排座椅，是为来宾准备的。骨灰盒正对的看台上则聚集了百余位摄影师、摄像师和记者。我们在左侧第一排坐下来，周围是早早赶来这里的各界要人和朋友。显然，大家期待我们先站在骨灰盒旁边守护片刻。于是，我和弟弟陪伴母亲走上前去，停在了他们为我们指定的位置。闪光灯一顿狂轰滥炸，使得这个时刻匪夷所思，超越了现实。我不禁想到，此刻我们认识的人可能正在世界各地看着我们。站在那里的似乎已经不是我了，只是某个穿着西装、打着领带的家伙，一个从三岁到五十三岁都尽可能低调的家伙。我们身后，弟弟的家人默默守候，再后面是我的妻子和女儿们。其中一个女儿有社交恐惧，她后来告诉我，当时的经历痛苦极了，几乎让她无法承受。我很心痛。对于正值青春期的她来说，在那样私密的时刻、那样悲痛的氛围之中暴露在众目睽睽之下，这样的经历无疑是一种折磨。

在接下来的两个小时里，我们一直坐在那里，静静地看成千上万的人前来吊唁，他们中大部分人在雨中一直站了几个小时，只为走进来向父亲表达哀思。他们在陈放骨灰盒的台子前放上鲜花、纪念的物件、圣像又或是圣牌。很多人留下了他们自己的书，写下了表达悼念或爱意的纸条，一些人称呼父亲为大师，但大部分人则称他为加博，或者加比托①。这一切清楚地提醒着我们，父亲不只属于我们，也属于很多人。

这次告别仪式让我们有机会见到了另外一些之前尚未见过或是许久不见的朋友。我甚至看见一些朋友默默走在哀悼的人群中。我向他们示意来大厅的另一侧小叙一下，迅速聊了几句近况。感谢这些小聚，追思仪式才没有那么伤感。

有那么一瞬间，我陷入自己的思绪中，出神地看着悼念者的一张张面孔。我想起父亲曾说过，我们每个人都有三种生命：公众面前的、私下的、秘密的。片刻间我想或许承载着他秘密生命的那个人就在人群

<hr>

① "加博（Gabo）"为加西亚·马尔克斯之名"加夫列尔（Gabriel）"的昵称，"加比托（Gabito）"为"加博（Gabo）"的指小词，是更加亲昵的称呼。

之中。在我因这个想法走火入魔之前，队伍中一支巴耶纳托三重唱乐队来到近前，他们停下来，为父亲唱了首歌。他们的表演热情洋溢，我表达了感谢。

我们得知哥伦比亚总统乘坐的飞机已经着陆，他正在赶来。不一会儿，哥伦比亚总统走了进来，走在他前面的是东道主墨西哥总统。让人惊喜的是，父亲的很多朋友也乘坐同一班飞机到达了，新一波追思高潮的到来让我们激动不已。母亲非常愉快地跟来宾打招呼，喜悦之情溢于言表。"你们觉得这次追思活动怎么样？"她问道。

两国的国歌响起，气氛转而凝重。哥伦比亚总统和我年龄相仿，与父亲相识多年，在当上总统之前就和父亲成了至交。他慷慨陈词。他说，加博无疑是史上最伟大的哥伦比亚人。母亲自豪地看着他，就好像他是自己家出类拔萃的外甥。总统的记者弟弟也来了。他是母亲最喜欢的人之一，总能给母亲带来波哥大最新的八卦新闻。尽管在这样的氛围下，她还是很高兴的。

墨西哥总统的演讲挺不错，可是结尾时将我们称为"其儿子们和遗孀"。我在座位上扭动了一下身体，心里想着母亲一定不认同这个说法。两位国家元首走后，弟弟凑到我身边，用讽刺的语气说："遗孀。"我们略带不安地笑了。很快，母亲愤愤地毅然表达了自己的意见。她威胁说要告诉第一个走过自己身边的记者，自己打算改嫁，越快越好。最后，她斩钉截铁地说："我不是遗孀。我就是我。"

我和弟弟曾信誓旦旦地下定决心，国家元首、媒体和亲朋好友走后，只要美术宫门外还有排队吊唁的人，不管多晚我们都会留在这里。然而，追思会正式结束后又过了一段时间，美好的初衷显然不足以支撑我们濒临崩溃的体力。于是，带着失望和沮丧，暗自盼望日后能原谅自己，我们离开了那里。

29

我飞回了洛杉矶，准备在那里待上几日。不久前，即使父亲已经认不出我是谁，每次我要离开，他都会抱怨："不，别走啊，伙计，为什么要走呢？留下来。别丢下我。"每当这时，我都如鲠在喉，就像把一个满脸泪水的孩子留在幼儿园里，只不过没说"这一切都是为你好"这句不知是否真心的借口。

到家后我发现有几百封吊唁的信件正等着我。在眼前这个现实中，这些信仿佛在谈论一件久远的事情。我把它们留待以后处理，到那时它们或许会（事实上也确实如此）成为我莫大的慰藉。在一次来电中，母亲告诉我，一位男士出现在我家门前，自称为波鲁阿①先生。母亲以为他是波鲁阿家族的某个人，墨西哥最早的出版社便是这个家族的产业。尽管并没有认出他是谁，她还是在客厅接待了他。而他表现得十分友善、热情，问起父亲的秘书，又问起了我和弟弟，他都能叫得上我们的名字，接着还分享了他对我父亲的记忆。父亲的秘书走了进来，他立刻从座椅上弹起来，热情地拥抱她。她则不好意思承认自己并不记得他。波鲁阿先生又坐下来，继而解释说他是从另一个城市开车来的，车子抛锚了，因为坚持想来表达哀思，所以请求一个朋友把他带到了这里，朋友就在外面等候。他问母亲是否能借给他大概二百美元去修

---

① 《百年孤独》曾由弗朗西斯科·波鲁阿在南美出版社出版。

车。母亲拿了现金给他，这个人便走了，从此再无音信。后来，我们才知道他原来是个远近闻名的骗子。得知此事，母亲哈哈大笑。

除了吊唁的信件，朋友们给我寄来了父亲去世当天世界各地报纸的头版。我因此陷入网络的无底洞之中，一口气查阅了各国、各地方的当天头版新闻，发现都有相关的报道。我尽可能多地阅读各种版本，每份报纸都有所侧重，强调了父亲生平或成就的不同方面。我再一次努力将报纸上报道的这个人同自己最后几个星期陪伴的那个人联系起来，那个病魔缠身、垂死挣扎、最终变成盒子里的一抔骨灰的人，又同我童年时代的父亲联系在一起，还有最终简直成了我的孩子或是弟弟的孩子的父亲联系在一起。我仔细读了自己对最后时日的记录，不知道是否应该汇总起来写成故事。父亲和母亲一样，始终坚信我们的家庭生活属于绝对的隐私。从我们还是孩子起，他们便一次又一次要求我们服从这条规定。但如今我们已经不是孩子了。或许是老小孩，但不是孩子了。

父亲曾抱怨说，死亡有一点让他最不喜欢，即这是人生中唯一他没有机会书写的一面。所有他经历的、见证的以及思考的，都被他写进了书里，成了被他虚构或是加密的内容。"如果你不写作也能活着，就别写作。"他常常这样说。我恰恰就属于不写点什么就活不下去的那类人，所以我相信他能原谅我。他的另外一句表达也定会被我带进坟墓："没有什么比写得好的东西更珍贵了。"这一句尤其让我觉得振聋发聩，因为我清楚地知道，我写的关于他最后岁月的任何东西一定都能轻而易举地被发表，不管写得怎么样。在内心深处，我知道自己一定会写下这段回忆，通过某种方式将它呈现出来。如果我这样做了，我会援引父亲对我们说的另一句话作为依据："等我死了，你们想做什么就做什么吧。"

30

我再次回到墨西哥，陪母亲一段日子，也见见几位之前没能赶来的巴塞罗那朋友。我和这些朋友自一九六八年起就亲密无间，而且追思仪式已经结束，整座房子里只有我们几人，我们得以相对安静惬意地聚一聚，不过此时父亲的离去也愈发明显。这两位朋友都是心理学家，属于父亲最信任的朋友之列。父亲从来不做心理治疗，他的理由很充分，声称打字机就是自己的心理医生。很可能他是怕心理治疗会盗取他的创造力，哪怕只那么一丁点，又或者那种赤裸裸地暴露在别人面前的感觉让他不舒服，谁也无法得知究竟为什么。有时，他确实鼓励我们跟亲近的朋友或家人聊一聊自己的焦虑，因为如果不这样做，最后我们很可能还得付钱去找专业人士来倾听。

这次回墨西哥，我最想做的就是跟父亲聊一聊他的死亡和身后之事。我久久地站在他那位于花园深处的书房中，他的骨灰就锁在这儿的一个小柜子里，这里和家中的其他地方一样，一切已经缓慢却无情地渐渐恢复正常。母亲再也没有来过书房，她或许永远也不会来了。父亲去世时所在的那个房间又恢复了往日的样子，但在我女儿、侄女和侄子们的口中，它是一间要避开的房间。我决定睡在那里，以便让它恢复作为客房的正常功能。不管怎样，我度过了一个平常的夜晚。

31

我乘上清晨的航班飞回洛杉矶，精疲力竭。这已经是三个星期内我第八次飞回或者飞离墨西哥城了。当飞机缓缓地驶入跑道时，一种清澈的顿悟感向我袭来，我意识到父亲在这个世界上的精彩一生已经结束了。起飞时，悲伤涌上心头，但与此同时，飞机引擎强有力的推力突然消失，意想不到的空虚感却神奇地让我为之一振。随着起落架被收起，机身微微向左倾斜，逆着朝阳，东方的两座火山隐约可见：一座是波波卡特佩特火山，它的形成比文字的诞生还要早上几十万年；另一座是伊斯塔西瓦特尔火山，一座活火山。我们上升到一万英尺的高度时，耳边响起了犹如微弱闹铃般的声音。我将座椅向后倾斜，向周围看了看。坐在我旁边的女士正在手机上读《百年孤独》。

第五部分

船长看了看费尔明娜·达萨，在她睫毛上看到初霜的闪光。然后，他又看了看弗洛伦蒂诺·阿里萨，看到的是他那不可战胜的决心和勇敢无畏的爱。这份迟来的顿悟使他吓了一跳，原来是生命，而非死亡，才是没有止境的。

　　——《霍乱时期的爱情》①

---

① 《霍乱时期的爱情》，加西亚·马尔克斯著，杨玲译，南海出版公司，2020。

32

　　我们的母亲于二〇二〇年八月去世。这一切和我们设想的差不多，因为她抽了六十五年烟，肺功能越来越弱，最后几年里，她甚至昼夜不停地吸氧。然而她的精神状态从未枯萎。她每天看几个小时电视新闻，还在平板电脑上查阅更多的消息，除此之外，她还用摆在面前的两台固定电话和三部手机跟朋友们联系。在她生命的最后几个月里，我们几乎每天都要视频通话，虽然除了世界上发生的大事外也没有太多可聊，但她看起来依旧像以前一样精神矍铄，只是因为不能跟大部分朋友相聚而感到有些无聊。尽管她的身体每况愈下，而且行动越来越不自如，但她看上去并没有对此过分担心。再没有什么比她这样的举止更有割裂感了。她究竟是真的无所畏惧，还是拒绝妥协，又或只是装成这个样子？她在这三个方面都是出类拔萃的。

"你觉得这场疫情什么时候结束？"她常常问我。如今已经到了二〇二〇年末，我仍旧没能给她一个答案。因为疫情我无法旅行，我最后一次见到她活着的样子是在手机破碎的屏幕上，五分钟后，她永远离开了人世。两次短短的视频连线之间，我们竟已阴阳两隔。我至今无法释怀，无法讲述这段故事。我要怎样才能讲出那种痛彻肺腑的感受呢？她死后很多天里，我一直等着她打来电话对我说："那么，我的死亡是怎样的呢？不，别着急，坐下来，慢慢讲。"我想象她一定会一边听，一边时不时地笑出声来，猛吸几口那要了她性命的香烟。她会跟全世界的朋友交谈，欣然并且得意地接受他们的悼念，随后会饶有兴趣地问起某个孩子离婚的原委和家里被盗的逸事。

有好几年的时间，父亲一直强迫母亲戒烟，她虽十分不乐意，也尝试过好几次，但最终都失败了。即便在吸氧初期，有好几次她都让我帮她托着氧气面罩，自己抽几口烟。"不要关掉吸氧机，"她对我说，"我马上就接着吸了。"父亲的教训让我和弟弟看到了一个吸烟者如何死去，堪称触目惊心。事实上，这种担忧起到了作用，因为我们（尤其是弟弟，他始终陪伴在她身边）竭尽全力使她离世时既不那么痛苦，也不会满心焦虑。最终，两者都做到了。

父亲创作过程中的大部分草稿被母亲偷偷挽救了下来，因为他坚决反对展示或者保留未完成的作品。我们小时候，我和弟弟常被他叫去，坐在他书房的地板上，帮他把整部作品的草稿撕碎并丢掉。我想，对于收藏家和那些研究他创作过程的学生来说，这个场景一定很令人惋惜。他的手稿和参考书籍被运到得克萨斯州奥斯汀市的哈里－兰瑟姆人文研究中心，母亲非常开心地出席了这个系列藏品展的开幕式。我和弟弟也都携家人参加了，母亲在孙子孙女的陪伴下，格外称心惬意。她尤其享受和孙女们在一起的时光，我猜是因为孩子们都长大了，而相比男孩，女孩始终那么关心她的日常琐事，挂念她的健康状况。她把自己的古董女士皮包和首饰送给她们，有时慷慨得让女孩们都不好意思接受。当然，她们也没有太不好意思。

我的一个女儿觉得奶奶是这个世界上和她脾气最相投的人，她因此骄傲；而我的侄女则是我们几人中在她最后几年时光里陪伴她最多的人。我的另一个女儿热衷于跟她聊天，定期从国外打电话给她，十分亲近。母亲自己的祖母就对她的人生影响很大，形象威严，是个可敬却让人心生畏惧的大家长，我想，母亲对自己孙女们如此宠爱，多半跟她自己的祖母有关。她也很爱我弟弟的儿子们，但她坚信男孩应该在成长中逐渐退回到自己的世界中，于是她也接受这样的现实。当然，这些不过是我自己的想法，如果她听见了，一定会反驳，之后不耐烦地转身就走。

父亲去世两年后，我们把他的骨灰带到了卡塔赫纳，安置在一尊半身雕像的底座里（那尊雕像跟他惊人地神似），就在殖民地时期一座住宅的院落中，现在对公众开放。在那里举行了一场正式的仪式，仪式前后，我父母的家里也不得不举办了一次对外开放的鸡尾酒会。跟父亲去世时一样，酒会延续了几天，但氛围更轻松愉快一些，因此母亲坚持让现场演奏的音乐持续到大半夜。那些日子还是很激动人心的，或许也有点累，但奇怪的是当时并不觉得累。一切都在可以承受范围内。在那里的最后一天清晨，我伫立在院子中，最后一次凝望父亲骨灰安息的地方。我心中感慨万千，想着他的骨灰将长久地留在那里，他也将长久地留在那里，或许是几个世纪，甚至到我们所有活着的人都死去之后。去机场的路令人惆怅，在波哥大降落二十四小时后，我因为膀胱感染住进了医院，一只腿上还出现了血栓。或许，之前那些天比我想象得要辛苦。

母亲去世才三个月时，我就惊讶地发现她在我心目中的形象已经迅速高大起来。每当看到她的某张照片，我都忍不住驻足凝视好一会儿。即便是老年时期的照片，她的面庞看起来依旧无比亲切、美丽。她一生操心焦虑（或许她自己并没有意识到），但她享受人生的能力无与伦比，她对生活的热爱（就像父亲一样）、对周围人生活的关怀都是无穷无尽的。我对父亲的情感深沉却复杂，因为他的名声和天赋使得他变成好几个人，我艰难地把这几个他合而为一，总是在各种情感之间前前后后地弹来撞去。此外，其中还夹杂着一些难以名状的感觉，源自他长久的、痛苦的告别——他正渐渐失忆，和我怀有的某种负罪感——

暂时觉得自己在思想上超越了他而喜出望外带来的负罪感。如今看来我对母亲的情感竟是那么单纯，颇让人惊诧。我的这个看法也使得心理学家朋友扬起了眉毛，不过这确实是真的。母亲对过度的感情表达抱有恐惧，教育我们从小就要内敛。然而时间久了我才明白，这种人生态度是她从她的父母那里继承来的，而她父母也很可能是从再上一辈那里继承来的。她甚至并未意识到自己因此痛苦，每次我建议她享受一下心理咨询或治疗时，她的反应都是坚决的："不。我不是疯子。"

我很庆幸自己能在她活着的时候就理解并接受了这一点，于是剩下的唯有富有生命力的爱和珍惜，而这种生命力正是源自于她。她时而坦诚时而含蓄，时而严格时而宽容，勇敢却又惧怕无序。有时她十分敏感，喜欢批判，有时却又极为宽厚，尤其是当有人向她倾诉自己遇到的困境时。她永远会站在他们一方，赢得他们的一致爱戴。她对我和弟弟非常宠爱，不是流于行为上的，而是发自肺腑的爱，且与日俱增。无疑，正是她复杂的人格让我这一生都对女性特别迷恋，尤其是那些多面的、谜一样的女人，就是被人们不公正地形容为难以对付的女人。

我心中再次燃起对父母的崇拜感。我承认这种看法（有人称之为重新审视）并非什么稀奇的事情。分离让我们更爱父母，更能理解他们，我们懂得了他们也像芸芸众生一样有缺点。我的母亲出生于那样一个年代和地方，我非常惊讶她能成为后来的样子，永远坚定、义无反顾，甚至能够在围绕父亲的成就所形成的社交圈子里游刃有余。她是属于她那个时代的女性，没有受过高等教育，不过是一位母亲、妻子、家庭主妇，却能引来那么多人生波澜壮阔、事业有成的年轻女性全心全意的羡慕，她们羡慕她的决心，她的沉着冷静，她的自我认知。朋友们都称她为"加巴"，取自父亲的绰号"加博"[①]，貌似有点父权主义意味，但所有了解她的人都知道，她完全精彩地演绎出了自己的版本。

母亲去世前两年，她曾在一家餐厅里告诉我，她是家中长女，她母亲生下她之后又有过两个孩子，但都在童年时就夭折了。我很惊讶，以前从没听她提过

---

① "加巴（Gaba）"为"加博（Gabo）"的阴性形式。

此事。我问她是否记得当年的事情，她说记得。她清晰地记得她母亲怀中抱着一个死去的婴儿。她边说边用左臂围成摇篮状，向我展示她母亲是怎样怀抱孩子的。

"你之前怎么没有跟我说过呢？"我问道。

"因为你从来没有问过呀。"她回答说。我真是傻。过了些日子，我又向她问起这件事，贪婪地想知道更多细节，可她不仅否认自己讲过这样的事情，甚至称自己从没有见过什么死去的弟弟。我目瞪口呆。这并不是因为她年迈或者阿尔茨海默病。她的记性一向很好。我又坚持说她确实这样讲过。"没有。从来没有发生过这样的事。"她笃定地说。于是，我只好暂时作罢，但暗下决心以后要弄个清楚，说不定哪天就出现转机了呢，结果不曾想后来竟已天人永隔。

同样，我五十岁前都不知道父亲左眼中心失去了视觉。有一次我陪他去看眼科医生，医生在检查后提起此事，我才知道。

我真想知道我父母会如何回忆他们自己的青春岁月，或者仅仅了解一下他们当年如何思考自己在这世界上的位置也好，那时的他们还在哥伦比亚僻静的小村庄里过着童年时光。假如能让我跟九岁时还是个坏小子的父亲共度一个小时，或是跟尚是欢蹦乱跳的十一岁小姑娘的母亲聊一聊，我愿意付出任何代价，那时的他们丝毫不知，非凡而传奇的一生正在未来等待着他们。所以，在我的内心深处始终有一种不安：或许我不够了解他们。毋庸置疑，我追悔莫及，竟没能问问父母他们人生的更多细节，他们心中更为隐秘的思想，他们最大的期望和恐惧。又或许他们对于我们也抱有同样的想法——谁又敢说自己完全了解自己的孩子呢？此刻，我迫不及待想听听弟弟对此的看法，因为家对于每个居住其中的人来说都有着截然不同的意义。

现在，我们要为家的未来做一个决定。我和弟弟都喜欢参观作家和艺术家的故居，或是其他不幸却又杰出之人的故居，在这方面，我们两人非常相像。但是，当我打算把我们家的大门对公众敞开时，我自己也很惊讶。或许这也是一种击溃时间流逝的绝望尝试，又或者至少让我们免于心碎的痛苦，否则我们也许会因不能居住于此，不得不把房子卖给陌生人。

父母中第二人的离世，这种感觉就好比用望远镜遥望夜空，却再也找不到曾经一直在某处的一颗行星。那颗星永远地消失了，带着它的信仰、它的风俗、它独特的习惯和举止，或大或小。余下的只有回声。每天早晨，我用毛巾擦干后背时都会想起父亲，记得我六岁时笨拙地跟毛巾做斗争，是父亲教会了我如何用它擦拭后背。他的大部分忠告都始终伴随着我。（我最喜欢的一条就是：对你的朋友宽容以待，有朝一日他们也会宽容地对待你。）每次我把到访的客人一直送到大门口，都会想起母亲，因为如果不这样做，她可不能容忍；当我往任何食物上倒橄榄油时，也会不由得想起她。近几年，每当我照镜子，都仿佛看到了我们三人的目光，父亲和母亲的，还有我自己的。我也一直努力用他们的准则来指引我的人生，他们虽然很少将这条准则说出来，却无疑一直恪守着：做人要行得端，走得正。

父母的大部分理念在我和弟弟以及我们家人创造的新星上继续存在。而这些理念又和我们的妻子从她们家族中带来、甚至决定不带来的那些东西相互融合。一切都会随时光流逝分崩离析，新的生命不断堆积在我父母和其他无数个转瞬即逝的生命所形成的世界表层之上，直到有一天在整个大地上再无人记得他们的存在。如今，我已经到了当年父亲的年纪，那一年我曾问他夜晚熄灯后都想些什么。和他一样，我也尚未太过忧虑，但已经越来越清晰地意识到时间的流逝。此时此刻，我还在这里，想着他们。

致谢

我要感谢：

我的妻子，阿德里亚娜；我的两个女儿，伊莎贝尔和伊内丝。

我的弟媳，皮娅；我的侄女和两个侄子，艾米莉亚、马特奥和赫罗尼莫。

我在本书中提到的众多朋友，为我父母工作过的人、医生和护士。

路易斯·米格尔·帕洛马雷斯、路易斯·费杜奇和莱蒂西亚·费杜奇。

莫妮卡·阿隆索、克里斯托瓦尔·佩拉、索菲亚·奥尔蒂斯。

迭戈·加西亚·埃利奥、玛丽贝尔·卢克、哈维尔·马丁。

妮娜·贝伯、艾米·利普曼，朱莉·林恩、邦妮·柯蒂斯。

保罗·阿塔纳西奥、尼克·卡赞，罗宾·斯威科德、莎拉·特里姆。

豪尔赫·F.埃尔南德斯和乔恩·安夫内特，芭芭拉·安夫内特。

年谱

1927 年　加夫列尔·加西亚·马尔克斯于 1927 年 3 月 6 日出生在哥伦比亚阿拉卡塔卡镇,父母分别为加夫列尔·埃利希奥·加西亚和路易莎·圣地亚加·马尔克斯。他是大家族的长子,童年时期与外公外婆住在一起。外公曾是上校,也是加西亚·马尔克斯作品《没有人给他写信的上校》的灵感来源。

1936 年　外公去世后,加西亚·马尔克斯搬到苏克雷与父母同住。

1940 年　加西亚·马尔克斯随家人搬到港口城市巴兰基亚,开启高中生活。

1947 年　加西亚·马尔克斯进入波哥大国立大学法律

系学习，在《观察家报》发表了两篇短篇小说。

1948 年至 1950 年　哥伦比亚经历了两年政治冲突，在此期间国立大学因暴乱被迫关闭。加西亚·马尔克斯返回巴兰基亚，当起了记者。他开始创作第一部小说《枯枝败叶》。

1954 年　加西亚·马尔克斯被《观察家报》聘用。他发表了一系列文章，讲述公海航船遇难事件中一位哥伦比亚幸存水手的故事，在哥伦比亚国内引发争议。

1955 年至 1957 年　《枯枝败叶》出版。加西亚·马尔克斯前往共产主义时期的东欧地区，成为驻外记者。

1958 年　加西亚·马尔克斯返回哥伦比亚。在巴兰基亚与梅塞德斯·巴尔恰结婚。他们的婚姻一生未变。

1959 年　加西亚·马尔克斯受菲德尔·卡斯特罗之邀访问古巴，两人成了朋友。梅塞德斯诞下长子罗德里戈。

1960 年至 1961 年　加西亚·马尔克斯作为古巴拉丁美洲通讯社的记者在纽约短暂生活了一段时间，之后举家搬去墨西哥。《没有人给他写信的上校》于 1961 年出版。

1962 年至 1966 年　次子贡萨洛于 1962 年诞生。加西亚·马尔克斯用十八个月写出《百年孤独》。

1967 年 《百年孤独》于6月出版后立刻获得了成功，在世界范围内卖出成百上千万册，为加西亚·马尔克斯赢得了赞誉。举家搬到西班牙。

1975 年 《族长的秋天》出版。

1979 年至 1981 年 加西亚·马尔克斯往返于哥伦比亚和墨西哥，并开始创作《一桩事先张扬的凶杀案》。

1982 年 加西亚·马尔克斯获得诺贝尔文学奖。

1983 年至 1987 年 《霍乱时期的爱情》出版。加西亚·马尔克斯协助创立古巴国际电影电视学校。《一桩事先张扬的凶杀案》被改编成电影，由弗朗西斯科·罗西执导。

1989 年 《迷宫中的将军》出版。

1994 年 加西亚·马尔克斯为支持民主协助成立一家拉丁美洲独立新闻社，即新伊比利亚美洲新闻基金会。

1996 年 非虚构作品《一起连环绑架案的新闻》出版，讲述了由毒枭巴勃罗·埃斯科瓦尔引发的一系列绑架事件。

1999 年 加西亚·马尔克斯与淋巴瘤做斗争。症状得到缓解。

2002 年至 2004 年　回忆录《活着为了讲述》于 2002 年出版。两年后，《苦妓回忆录》出版。

2010 年至 2012 年　有传言说加西亚·马尔克斯正在创作一部新小说，但他的弟弟海梅否认了这一消息。这表明作家已患阿尔茨海默病，无法继续写作。①

2014 年　加西亚·马尔克斯于墨西哥城的家中去世。

2020 年　梅塞德斯·巴尔恰于墨西哥城去世。

---

① 遗作《我们八月见》于 2024 年出版。

影像中的记忆

十三或十四岁的加博,
已经是个迷人的小伙子了。
1940 年摄于哥伦比亚。

十四岁的梅塞德斯在哥伦比亚的阳光下。
1946 年摄于哥伦比亚。

十七岁的梅塞德斯。面容已道尽一切。
1950 年摄于哥伦比亚。

1958 年 3 月 21 日，她最终穿上了婚纱。
摄于哥伦比亚巴兰基亚市。

六十年代末他还是个健康的吸烟者。
1968 年摄于西班牙。

四人组。
1971 年摄于哥伦比亚巴兰基亚市。

1982 年 10 月 12 日，
他获得诺贝尔文学奖的那个清晨。

2012 年 10 月 12 日。
三十年后，同一个地方，
同一棵树，同一场合，
梅塞德斯穿着同一件长袍。

谁敢说老人就不美呢？
2008 年摄于洛杉矶。

贡萨洛、加博和罗德里戈。
2008 年摄于洛杉矶。

费戈街的房子。
2019 年摄于墨西哥城。

加博盖着哥伦比亚披肩，
正享受礼拜二午睡时刻。
2013 年摄于墨西哥城。

社会性动物。
2010 年摄于墨西哥城。

梅塞德斯八十岁生日。
2012 年 11 月 6 日摄于墨西哥城。

清晨，彩虹在加博的椅背上。
2014 年 4 月 21 日摄于墨西哥城。

144

2020 年 11 月，疫情之年，
加博夫妇的亡灵节祭坛。

加博离开了家。
2014 年 3 月 17 日。

与我弟弟贡萨洛、
我们的家人和梅塞德斯
（绰号"神圣的鳄鱼"
"圣母""最高领袖"）。
2014年4月21日摄于墨西哥城。

著作权合同登记号　图字：30—2024—007